吴光胜◎著

观念的价值

寻求最大公约数

一位行者的悟与思

電子工業出版社
Publishing House of Electronics Industry
北京•BEIJING

谨以此书献给我挚爱的家人及亲爱的伙伴们，并谨以此纪念团队创业十五周年与华讯方舟成立十周年。

推荐序 1

开悟者的经验
——从《观念的价值》说起

文/余世存

（诗人、思想家、学者、自由作家）

前几年，何忠洲先生南下创业，一度引起朋友们的伤感。忠洲是苦行僧式的义士，他从多个角度致力于社会重建并小有成就。他决定到南方工作，朋友们既有失落也有期待，朋友们相信他仍能担负起一个有志者的重任。

我很快发现忠洲的思路发生了变化，他能接受市场法则了。一个人懂得自己的思维与市场法则的差异不太容易，懂得知识人思维与商人思维的差异，不太容易，这需要阅历。我经常发现一个知识人轻易地拜倒在商人脚下，认可后者想法的合理性可行性；我也经常看到一个商人"成功"之后舞文弄墨，以为自己是儒商，或身兼商人文人两种志业。对忠洲，我是希望他能够在不同身份中寻找到平衡，得到周围人的认可，从而更切实地服务于社会。

忠洲向我推荐过他的同学及同事吴光胜先生，说是在通信领域极有功业。时隔数年，我收到了吴光胜先生的书稿《观念的价值》，意外的是，跟一般企业家谈经商理念的书不同，这本书是吴先生对他所理解的文明世界的一次全面总结，其中涉及文明观、企业观、生活观。一个企业家能够对世界进行总体性解释，无论他的解释如何，这样的成绩本身都值得重视。在吴先生的书里，我读到了跟何忠洲相近的东西，读到了青春思考的气息。很少称道人的王俊秀先生说吴先生代表了新一代中国企业家们的思考，他们有“文明关怀”。

吴先生重视观念，这一重视跟一般人的学舌不同。当代中国社会最流行的话语之一就是“转变观念”，但观念怎么转变，转变后有什么效应，人们几乎没有追索。实际上，观念的重要性完全可以跟物质决定意识的唯物论 PK，甚至最彻底的唯物主义者都信奉“精神原子弹”；是的，精神、意识、观念可以改变环境、物质、人生社会。中国的现代化史、当代的改革开放史，都可以说是观念导向的。直到今天，我们社会的上层精英、下层民众，“砸锅卖铁”也要出国，更希望把自己的孩子送出国去，原因就是我们认定国外有好生活，这一观念引导了我们的行为。莫之许先生曾把这一后发国家的历史归纳为：“观念先导，协同进化。”

但如前说，观念流行极容易让人学舌，人们对观念只具“简单的拥有感”，人们是活在观念或所谓的真理之中，而非真实之中。中国文明的转型艰难，原因多多，其中之一即是这种简单的拥有。这样的观念转变，在上层精英那里，不过是从唯心论转向拜物教，从辩证法转向立宪主义，从自由主义转向文化保守主义。这样的观念转变，导致文化界以引进国外的大师为时髦，跟着大师们深刻学习领会贯彻落实下来，修成正果的少，野狐禅的多，能做到鹦鹉学舌的就能在汉语学界扬名立万了。这样的观念转变，在一般民众那里，则是认定“外国的月亮比中国圆”。

这样的转型结果，在今天，让我们真地看到了“国外的空气和水比这里的干净”“外国的牛羊肉比这里的安全放心”。

在历史上，对观念的重视产生过非常积极的作用。孙文革命，屡战屡败，但他一旦扔出“驱逐鞑虏，恢复中华”的观念，汉人的东南半壁就在武昌起义后迅速“光复”了，他争取到了中国社会的最大多数。洪杨之乱，为祸大半个中国，而曾国藩在讨伐中指责并呼吁说：“士不能颂孔子之经，而又别有所谓耶稣之说、《新约》之书，举中国数千年礼仪人伦、诗书典则，一旦扫地荡尽。此岂独我大清之变?乃开辟以来名教之奇变，我孔子、孟子之所痛哭于九泉。凡读书识字者，又岂可袖手安坐，不思一为之所也？”这一观念之辨，一下子抽掉了洪杨立足的根基，使其得不到士绅的支持，洪杨的失败就此注定……当然，我们还可以举毛泽东的例子，青年毛泽东面对“留学热”，当时的有志青年纷纷到海外寻求真理，毛泽东也有四次做“海龟”的机会，但他对“留学”的观念反复思索，加上他的老师胡适之先生有《非留学篇》，如此从一观念出发，在清末民初的救国路上，毛泽东反而走上一条独特的道路。尽管人们有争议，但毛泽东确实比“海龟”们更切合了中国社会的某种实际。

在历史上，中国的上层精英和下层民众都曾热烈地追求过观念。春秋战国不用说，那是一个观念层出不穷的大市场。到了秦汉年间，华夏文化的观念不够用了，连皇帝都梦见“西方有圣人”，从上到下，中国的有识之士都要向西求法。苻坚在淝水大战前夕，还派一支部队西行，希望以征伐乃至灭国的战争来迎取一位拥有正法观念的高僧鸠摩罗什。二祖慧可本来出身富家，为求正法能雪中立侍良久，并自断一臂向达摩表示决心。后来的禅宗大德们都是人群中了不起的天才，他们没有自作聪明，而是真心皈依正法，并从中明心见性，创造出自己的世界。

禅宗中的“参话头”即是一种精神思维层面的观念辨析。禅宗公案中有大量从一个观念出发，而获得开悟的经验。后来者多不明白那种“开悟”的瞬间，其实就是观念的革命，是观念穷尽到极处的反身加持，无论是虚云大师因茶杯落地的瞬间开悟，还是太虚大师读佛经时的开悟，都是观念的“瓜熟蒂落”。现代史上，有“儒家慧能”之称的王凤仪先生也是从参话头来直取无上正法的。借王凤仪先生的分享，我们可以知道参话头的意义：

> 我在锦州城西十里台张表兄家扛活（作长工），离家一百三十多里地，连做了四年。上工后，张家表侄，叫我吃饭时喊道："做活的，吃饭了！”我听了心里不高兴。（因为以往都是叫表叔，才一上工就换了称呼）暗想，谁给起的这个名？怎么这么难听？总是想不通。我便一面做活，一面问天：“怎么叫做活的呢？”耕地时，便问牛：“怎么叫做活的呢？”问来问去，因为心念专一了，连对面的人大声说话，我听到的声音都很小，像听电话似的（当时科技没现在的水准，电话中声音不清）。问到九十多天，对面的人说话，只看见嘴动，连声音都听不见了。问了一百多天，才问明白了，这是“天命”啊！人做活，要“做活了”，不可“做死了”。在东家方面，因为有做活的，园子、地里的菜蔬粮食才能种起来，一家人才能生活；在做活的这一面，因为有活做，才能挣到钱，养家活口，活己又活人。不只这样，做活的若是能把东家的事事物物，尽心竭力地做好，叫东家佩服了，一旦遇着急难，东家准能帮忙，这就是“主有仁，仆有义”。虽是东伙（雇主和工人），无异至亲好友，一心一德，相爱相助，这才叫“做活了”。若是只顾多挣工钱，少做活计，又挑剔吃喝，身是东伙，

> 心似路人，做活再马马虎虎，走一处弃一处，这就叫“做死了”。我自从向天问明白“做活的道”以后，又明白东伙就是君臣，必须君敬臣忠，才合道理。我是由忠字门进来的。又问父道、子道、兄弟道、朋友道、姑娘道、媳妇道、老太太道，我才知道，人要享谁的福，必得明白谁的道。比方说当父亲的，不明白当儿子的道，不但享不着儿子的福，反而生气惹恼地受罪。所以《中庸》上说：“君子之道，费而隐，夫妇之愚，可以与知焉，及其至也，虽圣人亦有所不知焉；夫妇之不肖，可以能行焉，及其至也，虽圣人亦有所不能焉。”（君子的道广大而又精微。普通男女虽然愚昧，也可以知道君子的道；但它的最高深境界，即便圣人也有弄不清楚的地方。普通男女虽然不贤明，也可以实行君子的道；但它的最高深境界，即便圣人也有做不到的地方。）我虽是个极愚笨的人，没念过书，可是听人讲一个字，我就行一个字，再加上格物的工夫才贯通了的。

王凤仪先生的观念辨析经验是一个值得大书特书的案例。这个没念过书的人由“参话头”而成圣成贤，成为近代中国著名的教育家。在有些学富五车的人眼里，王凤仪的人生或不入流，或不具有知识谱系演进的意义。但王凤仪的功德言行却是文明的典范，一如同样文盲的穆圣、慧能、武训，他们都是从观念出发，获得开悟，获得明心见性的成就。

说到观念的参悟，中国人每以禅宗公案“不立文字，教外别传，直指人心，见性成佛”为遗憾，因为其中的经验没能留下来。理性主义者对这类不做思辨、不做论证的话题敬而远之，甚至斥为野狐禅。理性主义者习惯于思辨逻辑的周密展开，那种展开论证的过程即是开悟、脑洞大开的享受。我至今记得德国人莱辛在此事上的骄傲，他说过，从一观念出发，思辨出一部或几部巨著一样规模的精神世界是极为受用的，而在这方面，他们德意志民族比世界上其他民族都优秀得多。但禅宗参禅模式比逻辑思辨模式更为丰富，也更益于个人；它们的指归都在于个人的精神革命。

无疑，吴光胜先生是一个观念的辨析者、思索者、开悟者，他能把企业做好，得益于他的参悟。现在他把开悟的经验写出来跟读者分享，是一种值得称道的功德。在光胜先生的思辨里，不仅有文明、企业、科学这类宏大的观念，也有“大学生活”“人体认识”“阅读体验”“婚姻”“情感”“交友”“幸福”等普通人能引起共鸣的观念。

吴先生的专长领域是通信，当今社会的信息爆炸，使得我们处理信息的能力遇到挑战。据说我们生产信息的速度是我们消化处理信息速度的 1.5 倍以上，我们在电脑、手机里收藏存储的大量图文，因为再没有打开而成为信息垃圾。吴先生感慨中国人在处理信息方面不及外人，我们确实需要提高我们收集、整理信息的能力。我认同吴先生所说的：“中国的文明传承要突破，要具有获取全球信息的能力。”当然，更重要的，如吴先生所说，寻求最大公约数；在这个观念、信息天文数字般的世界上，自处并与他人相处，寻求最大公约数的观念共识是极为重要的，只有在此时，观念于己于人的价值才会真正得到体现。吴先生说：“人性的最大公约数是对生命的尊重！”这话在被技术、资本等挟持的当代生活里更是可圈可点的。

读吴先生的书让我对观念现象有了如上的感悟，谢谢忠洲让我结识了吴先生，谢谢吴先生给我们提供了他的思考。我相信吴先生在事业上不仅有成绩，而且在人生上也获得了开悟。这就是中国人说的福慧双修。

2016 年 11 月立冬节气日写于北京青年湖畔

推荐序 2

情怀落地 梦想花开

文/赵术开

（华讯方舟联合创始人、华讯方舟集团 CEO）

公元 2016 年，丙申猴年，华讯方舟成立第十个年头，光胜兄弟大作《观念的价值：寻求最大公约数》即将出版，邀我作序。突感千万豪情上心头，很有“几度风雨几度春秋，峥嵘岁月何惧风流”的感觉。因光胜，为华讯方舟，因为曾经共同的理想，流淌的岁月，华讯方舟的梦想。

有一种人，生下来就是心系国家，情怀民族，天下国家。我想光胜就是这样的人。光胜写书，我绝不认为他是为了赶时髦，而是为了一个十周年纪念，更是激励自己，激励华讯方舟人，践行中国梦。

20 年前，初入大学的光胜，我们因为一张“这里有一个梦想”的大字报在校学生会活动室初见。一身军装一脸理想的光胜，身材单薄却意气风发，我们相谈甚欢。20 年弹指一挥间，我们从少年到了中年，万千变化，但 20 年间唯一不变的是：我总为他的激情、积极心态、百折不挠和雄心壮志所感染，所折服。我常常对他感慨地说：“兄弟，我真佩服你！你的革命干劲从哪里来的？”我想这就是天生的企业家精神，积极向阳而生，坚定百折不挠！

十年前，光胜创办华讯方舟伊始就提出要创办一家“伟大的企业”，他常说要做一家让西方人竖大拇指表达尊重的公司。十年间，为了情怀和梦想落地，他将自己全部奉献给公司。光胜十年如一日，日夜兼程，坐着“红眼航班”在全国各地穿梭，没有时差概念在东西方奔波，他发给我的短信、微信常常定格在凌晨一两点，清晨五六点。功夫不负有心人，华讯方舟十年完成从“0”到“1”，从“1”到“100亿”的质变。

光胜于己律正，物质上过着苦行僧般的生活，无不良嗜好，最大的爱好就是工作；于人义气求和，待人热情慷慨，朋友有难从来二话不说，能帮则帮，常常为朋友可以两肋插刀。做企业后也常常因为不善拒绝，惹来一些麻烦，他常常一笑了之；于利共享，做生意取三分利。公司的合作伙伴都知道：谈到合作利益分享时，和华讯方舟的掌门人最好商谈。

光胜是公司的旗帜和灵魂，他的眼界、思想和行动已经远远地走到我们的前面，今天他带领全体华讯方舟人，用“凤凰涅槃”的精神和“二次创业”的心态，站在新的高度和新的起点上，要求华讯方舟人：雄关漫道真如铁，而今迈步从头越，朝千亿目标努力！

最后，将郑智化《水手》的部分歌词作为结尾，这些词句我们无数次一起陶醉高歌：

他说风雨中这点痛算什么，

擦干泪不要怕至少我们还有梦；

他说风雨中这点痛算什么，

擦干泪不要问为什么……

我们为了华讯方舟的理想而努力！

2016年11月10日

推荐序 3

观念也是一种情怀

文/长风

（历史研究者）

我从北京来到深圳，结识了吴光胜先生，并有幸与其共事，对吴光胜先生也就多些了解。在拜读了他即将出版的大著《观念的价值：寻求最大公约数》后，我虽才疏学浅，无甚宏论，但也想谈一谈自己的心得。

作为 70 后，我们几乎都是有梦想的。我也曾为了梦想奔波、思考，但俨然激情不似当年。梦碎了，就只能当残梦，偶尔午夜梦回，心中不免悲怆。但光胜先生则不然，他一直激情澎湃，为事业东奔西走，每晚睡眠不足 5 小时，每天的工作安排以 15 分钟计。这倒不是夸大其词，我总是在凌晨两点后接到他的微信。他为了事业有着拼命三郎的精神，更难能可贵的是，即便行走在创业之路，他依然对国家、民族抱有深厚的关怀，对人类的文明发展有思有悟。《观念的价值》就是他阶段性的思考总结，里面不时迸发出思想的火花。

自从盘古开天地，女娲造人到如今。人们都在苦苦思索人是什么？孟子曰：“仁者爱人。”人不是孤立的，起码两人以上才成为人，也才能构成践行仁的可行性。在仁者的眼中所有人都是平等的，没有高下贵贱之分。这种爱人具体而言就是要尊重人，“己所不欲，勿施于人”，尊重每个人的人格，尊重每个人的信仰，尊重每个人的生命，用光胜先生的话讲就是“尊重人性的最大公约数”。

光胜先生在文字中，在演讲中，经常流露出他对人性的尊重。他的眼里见不得不公，每当遇到不公之事，他总要插手干涉；5・12 四川大地震后，他开始资助北川羌族自治县曲山镇的孤儿，直到现在。他古道热肠、侠骨柔情，有着可贵的平民精神与悲天悯人的情怀。

宗教家也好、哲学家也罢，他们都试图以观念、概念、逻辑构建一个庞大的体系，然而无论体系如何，最终都要回到本心。佛家的“佛在我心”，基督教的“上帝在我心”如是。古典哲学的集大成者康德说：“有两种东西，我对它们的思考越是深沉和持久，它们在我心灵中唤起的惊奇和敬畏就会日新月异，不断增长，这就是我头顶的星空和心中的道德定律。”个体对道德的敬重，其实就是对宇宙普遍法则的敬畏。

观念是我们对世界乃至宇宙的追问，是对人自身生存的追问，某种意义上说，它也是一种情怀。昔年，太史公讲自己之所以写《史记》，是为了“究天人之际，通古今之变，成一家之言”。太史公希望通过走访古迹，沿着前人的足迹追思，试图去解释人类的发展轨迹。我们在《史记》中看到的是一个个栩栩如生、有血有肉的鲜活个体，虽然他们离我们已有数千年，但他们的音容笑貌仿佛就在眼前。太史公的追问依然是从人出发，从心开始。没有人为依托，世界毫无意义。同样，太史公走出书斋，开阔了视野，参悟了天地，再回到书斋作史，便自然而然地把自己的经历感悟与精神情怀注入到古人身上，让他们的精神在岁月的大浪淘沙中历久弥新。

光胜先生不仅仰望星空，也脚踏实地，是“知行合一”的践行者。他总是说：“人赤条条地来，赤条条地去，最重要的在于过程。”他希望通过自己的努力，为人类族群的文明发展做出一点贡献。这一家国情怀，可以理解为“为天地立心，为生民立命，为往圣继绝学，为万世开太平”的人生抱负。

以上是我的肤浅认识，也希望光胜先生在未来，通过自己的实践与体悟，能给我们分享更多的观念，最重要的是，我们能从中见到光胜先生的精神与情怀。

2016 年 11 月 10 日

前言

行走在大山中

一

每一个人都是宇宙的一粒尘埃，但每一粒尘埃都有着自己的故事。我的故事很平凡，但对我来说却意义重大。它让我重新认识了自己，认识了世界，认识了万物，让我能静下心来审视这个天地，不以物喜，不以己悲。

在求学期间，我曾多次一个人在武汉随便跳上一辆公共汽车，然后不经意地在某站下来，之后就在街道之间、巷子之间毫无目的地穿梭行走。只是行走，走马观花似地看着眼前的一切，有的让我惊异，有的让我沉思，有的让我欢笑，有的让我悲伤。我不知道自己这样走的目的最终是为了什么，或者想得到什么。行走，一个真实的社会在我面前打开。

每当放假，我就会乘坐几乎被淘汰的绿皮车，慢悠悠地回家。车上人少，乘车的时间多，这个时间我就会思考一些问题，人生、社会、世界、宇宙，思想信马由缰。我就遨游在思想的海洋中，享受这种惬意。

有一段时间，我对社会活动很感兴趣，那时候，我骑坏了六辆自行车。室友睡着了，我才回来；室友还没醒来，我又已出发。多年后，同学们谈及此事，都会笑谈我是个忙碌的神秘人物。那时候的我确实风华正茂，喜欢做自己喜欢做的事情，并且希望以自己的行动感染周边的人。行走，成为我思考社会、思考人生的源泉。

我在大二暑期，去了一趟北京，从事某项行政类社会实践，对我的思想冲击很大。那时候我在大学是很多组织的负责人，曾经希望未来步入仕途改变中国社会。但那次实践，让我的思想发生了转变，开始立志做实业，希望通过实业来改变中国人的精神风貌，至少自己可以做一个有尊严的人。回到学校我立即创办了一份运营类的报纸——《大学生导报》。大四的时候，又同时开始参加一家民营企业创业，但股东之间发生的一些事情，让我对民营企业产生了不好的印象。总体来说，我在大学的学习与创业实践风风火火，也可以说志在意满，并且确实为我带来了人生的第一小桶金。

我带着希望、带着理想、带着情怀离开了珞珈山，开始真正步入社会打拼。既不想从仕，也不想经商，就进入了一家军工科研机构。虽是体制内的事业单位，但它不是官僚体制。在那里我充分向真正的科学家学习，并从实践的角度体会到现代通信的本质，这些对我后来的创业有很大影响。那时，我已经有了无线网络世界的观点。接着，我又跟一位45 岁开始从社会科学转向自然科学且取得不菲成就和极具人格魅力的教授创业，并亲自到云南做市场。期间，在某些层面充分发挥了自己的组织才能与领导才干，充分展示了我的乐观主义与浪漫情怀。我们每天唱着豪迈的歌，骑着自行车，驾驶着摩托车、三轮车列队集体出发，在田间地头亲自做实验给百姓对比，在百姓收工时直接销售产品；收工之后，又意气风发、气势磅礴地列队高歌，迎着夕阳回到集体驻地。真正的同吃同住同劳动，同行同走同快乐。

那时候的我，真的感觉人生最大的幸福莫过于此。青春的才华、青春的力量有地方施展，得到他人的尊重与认可。自己就像草原上的一匹骏马，驰骋飞奔。真有“海阔凭鱼跃，天高任鸟飞”之感。但人生不如意者十之八九，在我最踌躇满志之时，我的身体出现了我从未料到也至今从未告知他人的反应。当确认的时刻真是如过山车般从云端到谷底的瞬间。在经过遍访名医与不断尝试之后，在无数次与身体和灵魂对话之后，我悄悄做了一个决定：到大山中行走，与自然对话，去发现真实的自己。行走，是我鲜活思想与唤醒灵魂的真源。

二

有什么样的心态，就有什么样的人生。多年行走的经验告诉我，要找到良好的心态，就要回归自然，回到大道。我背上睡袋，在大山中流浪着，充分感受自己与自然的共存和沟通，让灵魂完全融入自然。

在山林中，吸取天地之精华，倾听天籁之音，感受冥冥之中的天意，更让我感到人的渺小。我有时候仰头望着天上点点繁星，就在想，宇宙如此浩渺，地球在其中都微乎其微，而人只不过是这微乎其微中的亿万分之一。罢了，真的如此渺小，而且转瞬即逝。

作为个体的我就更渺小了！如此渺小的存在，可偏偏还有许多妄念妄心！烦恼妄想，忧苦身心，郁结成病。人生为了什么？我为什么活？如此渺小且转瞬即逝还要到这个世界干什么？人乃一尘埃，赤裸裸地来，终将赤裸裸地去。剩下白茫茫大地真干净！唯有精神能穿越时空永久照耀着大地。单一有形物质的追求让人郁结，而对无形精神和灵魂的思索和追求却让人清明。身体只是个载体，“人生天地间，忽如远行客”。

远行客受到了淳朴山民无微不至的关照。他们不认识我，不跟我要任何东西，关心我的吃，关心我的住，关心我的安全。他们的生活是那样简陋，他们没有见过我见识到的文明，但是他们的微笑是那样真诚，那么灿烂和美丽。他们知足，安顿在大山深处。他们爱山，爱树，爱所有的生命，还爱我这个远行客。我看到了山村的儿童，他们的眼睛明亮，跟着我前后奔跑玩耍。他们的人生还没有开始，他们的视野却被局限在大山里。他们的眼睛告诉我，他们对外面的世界是多么向往。我还看到了山里病人的痛苦，家人爱莫能助让我心痛。信息不对称，让他们无法接近和享受现代文明。消除信息不对称，可以把爱洒遍重重山林！我从他们真切的痛处，看到了我活下去的意义，看到了自己可以贡献的价值。

持续地行走，持续地与天地自然的对话，让我真切地看到了自己，看到了自己的本心，看到了自己灵魂深处的担当。我是宇宙中的一粒尘埃，我又是宇宙的一切。“宇宙即吾心，吾心即宇宙。”只要生命还在，我就要勇猛精进，就要继续行走。我要做一件事情，通过科学的方式，让每个人看到世界，进而看到自己，看到自己的天赋天命。宇宙是由波组成的并通过波传递的，保持着阴阳平衡。我们身体也是宇宙，也是通过各种波传递，包括意识波。身体如同宇宙是个平衡的综合体。每个细节又成为一个宇宙，层层下推，永无止境。只要身体的综合体保持平衡，用中医的话讲，就是阴阳协调，那么身体就会健康。如我的身体虽然有一处出现了问题，但是没有打破平衡，只要从整体调理好身体，健康就不会出现问题。

而身体的平衡不是单一的，它需要更为深刻的平衡：生活方式和人生追求的平衡。如果只是追求单一的有形物质，那么想象不到的纠结郁结就会不断加剧身体的不平衡。而当我通过信息传递的提升，追求一种无形的爱和精神，消除信息不对称对人类造成的伤害，那么我的身体小平衡就有了基础。我就是一个整体人或者全人（Total man）了。一个全人，就是一个深度平衡与简单身体平衡一体的人。

有了这些认识，我自认获得了新生。当我再次看待事情的时候，往往会从宇宙的视角来看，最后关照本心。我的心也光明了，不给阴郁留一点地方。即便我们个体在宇宙中微不足道，但生命是伟大的，每个鲜活的个体生命都该精彩。这些山民如果走出大山，是否还会如此生活？山区孩子长大了会如何选择生活道路？不管怎样，要给他们选择未来的机会。我发下宏愿，希望用毕生之力消除信息不对称，让每个人都能平等地获取信息，然后选择自己应有的生活。平等获取信息的权利是天赋人权。于是，我走出了大山，开始了创业，从而开启了另外一种行走，一直到现在都专注行走在移动宽带网络领域。行走，让我找回自我，找到人生的意义。

三

我比以往更加热情地投入到创业中，全力以赴地行走。在这期间，我遇到了很多人，经历了很多事情，但是从来初心未改。朋友都说我永纯真不染，古道热肠，血气方刚。我眼睛里容不得沙子，看到小贩被欺负，我就毫不犹豫出来制止；看到卖冰糖葫芦的大爷，我就有买下所有冰糖葫芦的冲动。在我心里，万物平等。尤其是人，每个人都有尊严，都有自己的人格。整个人类的文明发展，就该建立在人性的最大公约数上。我认为人性最大公约数，就是真正的普世价值。人要有生命权和平等的受教育权，有安全感，能有尊严平等自由幸福地生活。遗憾的是，整个人类至今还没有完全实现。哪一个族群能最大化地凝聚人类共性，这个族群就能引领人类生存方式。回顾人类文明史的发展历程，不难看出，文明是围绕资源掠夺展开的。大陆文明也好，海洋文明也罢，都是如此。只不过海洋文明是开放的、全球的，孕育出现代商业文明，一直影响至今，成为我们现代认可的一种生存方式。而美国在某种意义上依然是现代文明的标杆；以色列则是小族群文明发展的标杆；至于欧洲，则在两次世界大战后，终于找到了他们赖以维系族群发展的最大公约数。中国文明的发展，有其辉煌的时代，如开放的汉唐文明；但在明清，尤其是清朝康乾之际，实行闭关锁国，钳制思想自由，此时的西方则在文明发展中步入了快车道，中西发展的差距至此大幅拉开。

不论我们要兑现人性最大公约数，还是要建立新的文明生态，最重要的一点就是开放。开放，我们才能延伸视野，我们才能登高望远，我们才能心灵张扬，我们才能思想激荡，我们才能消弭彼此的信息不对等，我们才能最大化地实现族群生存发展的共识，我们才能真正成为一个文明的人、一个宇宙的人，我们的人类才能凭借智慧和谐发展，去挑战遥远的星空，飞出地球，走向宇宙。就如我若没有上大学，没有到大城市，那么我依旧在农村做一个放牛娃。个人如此，国家如此，族群如此。大道至简，道理明了。行走，让我以个体融入区域、国家、族群，乃至地球与宇宙！

四

我把自己当作一名创业者，一名人生跋涉的行者，创业是一条不归路。我希望借助企业的形态和力量，为人类文明的发展做些应有的贡献。以我从商业的角度看，文明的形式通过产业可以展现，在诸多的产业中，我更看重空间无线通信产业。我们这代人最有机会、最接近做到让全人类看得见全世界，直到看得见每个人自己。就我们自己的族群而言，首先要让每一个中国人看得见全世界。要实现这个目标，就要实现每个人都能自由平等地获取全球不同的信息，显然卫星通信是接近该目标的有效手段之一。用卫星俯瞰地球，可以让我们无区域地平等地获取信息，让我们更智慧，让我们的眼界更深远，让我们的心胸更宽广，让我们的心中更明亮。我们人类在一个信息如空气弥漫的世界中，自由、快乐、平等地生活。

企业是现代社会人类文明发展中最具活力的要素。我全身心地投入到企业中，有时不我待的紧迫感。有些族群已经到了发达之后的“闲暇钓鱼”，而我们这个族群很大部分人还停留在看不清摸不透无事干的“闲暇钓鱼”。我们浪费了太多的时间，错过了太多的机遇，我们必须奋起直追。在此期间，我们这一代人注定会牺牲很多，但为了我们族群的后人真正能实现有尊严有追求有信心的“闲暇钓鱼”是完全值得的！人是应该有担当的，每代人要尽力做好每代人应该做的事。我们专注于空间通信行业，力求创建伟大的企业，十多年来，我们一直坚守，不忘初心。我曾经有过新生的经历，所以，我把企业的图腾定为火凤凰。火凤凰是凤凰涅槃之后而重生，这就是我们企业的精神。我们有不屈的斗志、不败的意志、不死的精神，成就了我们的今天，让我们站在一个新的起点上，我们前所未有地站在融合中西文化和通融世界的起点上。未来，在以企业形态为主的社会组织里，我们的企业总会经历涅槃而后生，由死而生，生生不息。

人要看到自己的本心，人要走向自性。这点我从来没有忘记，我依然记得自己在大山中仰望星空的情景，宇宙如此浩渺，让人顿生敬畏之心。唐人陈子昂登楼远眺，凭今吊古，诗曰：“前不见古人，后不见来者。念天地之悠悠，独怆然而涕下。”这首诗是生命悲歌，也写出了对天地的敬畏。这种敬畏之心时时提醒我，人要学会反省，“三省吾身”。这也是我们公司成立之月即为“自我反省月”，且从创业之初延续到现在还将永续的一个重要原因。人是平凡的，一个人的认识总会有限，难免不会犯错误。只要经常反省、反思，就能少走弯路，少犯错误。我们的企业从事的是空间通信，是全宇宙观的，面向地球，我们天然就是全球化的公司。这自然要求我们的企业具有开放的精神，具有东西方共同的普世价值（普世价值不是西方独有，东方有些普世价值还要领先于西方。普世价值是人类共同追求的不断发展的共有价值）。我们立足于宇宙之巅，我们要为全人类服务，每个人都是我们的客户。我们不论在哪里，我们首先要给当地带来社会效益与经济效益，要造福一方。我们融合世界资源，也实行海外并购，但是我们一定要让当地人感到它就是自己的企业。要实现双赢，才能基业长青，符合人性的最大公约数，也契合人类族群的发展。在“中国天谷（天络地网、经天纬地之谷）”奠基时我曾说，一个国家，一个民族，在不同的时代总有也总得有胸怀天下、敢于担当的人。我们今天不敢说胸怀天下，改变世界，至少可以胸怀天下，敢于担当。也许我们不能做到至善至美，但是我们追求精益求精、尽善尽美。这条路上，注定要留下我们的背影与足迹！行走，不断跋涉与进步，就是人类不断前进的步伐！

五

人生是短暂的，人的精力也是有限的。忙于事业，于我和如我一样的这代人而言，虽说家庭文化的建设比企业文化建设某些方面做得还要好，但家庭建设一定远远落后于企业建设。但我依然认为家庭是当今社会组织最稳健的形式，我自己，我也认为并感知到任何一个追求进步的智者都是发自内心地重视和深爱着家庭。无论我走到哪里，我的家就会搬到哪里。我就好比战士，他们就是随军家属。我们家是个大家族，我的父母与我们一直住在一起，一家人其乐融融。父母给了我生命，抚育我长大，教会我做人，父母的恩情比山高，比海深，是永远无法报答的。父母的爱是人类最伟大最无私的爱，没有之一，只是唯一！父母的爱是从不求报答的爱，只要儿女幸福快乐，他们就最快乐了。我源于灵魂地特别地感谢和感恩我的父母、我的家人、我的爱人，我如此深爱着的人，也如此深爱着我的人！这么多年以及一辈子的理解与付出，本身也需要克服常人难以想象的内心煎熬与痛苦，这是真正的伟大的爱！这共同的有形的、无形的、显现的、还是默默无闻的支持行为，都构成了我们对这个族群这一代文明传承与发展的贡献。无论我多忙，我最怕的就是中断了与家人的沟通，这是人类社会最底线和最低限的信息沟通。而与下一代的沟通更显重要，这不仅是亲情，更是族群智慧传承的根本。一家人走在一起，用佛家的话讲就是一辈子的福缘。家庭沟通和家庭信息的传递与互联是人类社会中人的基本公约数的最基本保障。

我经常在天上飞，望着窗外如堆堆皑皑白雪的云，它是那么的白，在阳光下，熠熠生辉；它又那么的遥远，永远望不到尽头。而我就如一个行者，漫步在白云之上，只是走着、走着。在人生的大道上，我不就是一个永远跋涉的行者吗？有一次，一位朋友在我办公室问我：“如果你一无所有，你会怎样？”我毫无迟疑地淡然答道：“我坐在这里，与我坐在其他任何地方都是一样。如果真的什么都没了，心与灵魂永远与家庭同在，与企业组织同在，与人类追求同在。只要努力了，付出了，就无悔无憾，毕竟我留下了一点东西，那就是精神。”

从大山走出来已经十余年了，但我感觉自己时时刻刻还行走在山丛中。在山林中，我找到了自性，而在十余年做人、做企业的实践中，在为更广大的人群服务和贡献价值的过程中，我又不断在个人、家庭、企业、区域、国家、地球和宇宙的一连串关系中证悟着自性。人活精气神，“天地与我并生，而万物与我为一”。

行走，从大山到星辰大海，我心一片光明！

吴光胜

2016 年 11 月 24 日

目录

CONTENTS

第一章

文明的最大公约数

第二章

让中国人看到全世界

第三章

伟大企业的味道

第四章

仰望星空的人

第一章

文明的最大公约数

C H A P T E R 1

满江红·于蛇口有感公司初建

蛇戏龙吟，穹海望，云卷高处。

三十载，百帆争竞，激流飞瀑。

肝胆相依同日月，江湖义结任风雨。

共樽酒，莫负少年头，今朝驻。

虹升起，光明渡。真善美，知行赴。

拔龙泉，劈倒棘荆成路。

逐鹿中原豪气迈，讯通环宇凌波舞。

天地间，与万物和融，中流柱。

二〇〇七年八月七日

本章主要讲新文明观。

谁的文明最好，谁就能引领人类生存和发展，谁也就理所当然地成为这个地球的领导者。美国之所以领导全球，至少就现在人类社会生存状况而言，美国赖以存在的文明方式可能是全球最好的生存方式。

01 / 新文明的思索

不妨假设，整个人类就是一个族群，这个族群又划分了很多种类。从肤色上说，有黄皮肤、白皮肤、黑皮肤等；从区域上看，又可分成很多小的族群。我们作为个体来到这个世界的时候，首先要顺应所在族群的生活方式。

人类社会走到今天，其生存模式与发展模式已经进入到一个新的阶段。

人类要共同思索一个问题：什么样的模式最适合人类的生存？人们都在思索，我们人类该以怎样的文明方式传承下去。

总的来说，目前美国还是全球最领先的国家之一。从某种意义上讲，美国依然是现代文明的标杆。所以，一个族群要领先于这个世界，未必取决于国家的大小，或者对资源的掌控，而是其生存和发展的方式是否更适合人类。

就整个人类社会而言，不管是以前对资源的争夺，还是现在对全球商业链的争夺，核心在于我们没有找到更好的文明来满足人类社会发展的需要。

哪个族群的文明领先于世界，哪个族群就会领先于世界。其实，不管是战争的形态，还是经过全球商业链的重新组合，最终的形态都会朝着最先进的文明靠拢。即使落后的文明用武力征服了先进文明，但是最终也会被先进文明所突破。社会主义走到今天，也是如此。

每个人立足于这个社会上，首先顺应了族群的生存和发展模式，但是除此之外，我们是不是还要思索，能够为这个族群的生存和发展模式做点什么？

回到当下这个时间节点，中国改革开放也已经 38 年了，有没有可能产生新的哲学家，对人类生存和发展模式进行新的思索？而这种新的模式，是否会融合东西方之大成，是否会逐步成为人类未来发展的方向？就算不是革命性的进展，是否可能成为人类历史上的亮点？

人性最大公约数

人性是人的本质属性，人的本质属性是人的自然属性，但自然属性会随着环境的变化而表现不同，这就是人的社会属性。我们人性表现是按照需求的层次论，从低等再到高等。而人性的最大公约数就是对生命的尊重，并且保证生命能在自由、平等、幸福的状态下而存在。

一个以权力和金钱为尊严的社会，人是不可能有平等的尊严的，也违背了尊重生命这一基本的人性。

人性最大的公约数其实就是人之所以为人的最低底线，也是文明发展的基石。在保障每个个体自由鲜活的存在后，才能推动族群文明的发展，也才能保证地球文明的平衡发展。如果我们愿意，我们依然可以推及到整个宇宙。

人性的最大公约数是对生命的尊重，即使每个人生命存在的形态不太一样。如果你的生命始终是脸朝黄土背朝天，那你的生命存在是单一的，也是艰辛的。我们可以用科技、知识等让生命存在更有尊严、更自由、更平等、更精彩。要让人们不只为了活着而奔波一生，要用科技、知识等改变这种状态，要让人把大多数时间花在思想创造、去自由幸福地生活。总之，让活着成为一个最不耗时、最简单的事。人来到这个世界上不必为衣食住行发愁，要用更多的时间去做有意义的事情。

作为个体，我们要改变自己生命的状态，就要靠知识、靠信息的获取，这也可以理解为“知识改变命运”或者“信息改变命运”。当年，如果我考不上大学，可能就在家里放牛，种几亩地，永远走不出那个小山村。观看同时代的小伙伴，他们出来打工，但打工永远只在流水线，极少有人从流水线上最终跳出来。能跳出来的，都是通过自学掌控了更多信息，通过更多信息又接触更多人，通过更多人又掌握了更多信息，最终摸索出自己的道路。在历史发展中，人类的平衡发展靠战争，但现在可以靠科技文明解决。有开放的精神，有足够的信息，这是美国之所以强大的重要原因，也印证了个人成长之路。

开放与信息让视野宽广和格局广大。在美国的一间车库里成立一家公司，但这家公司的起点就是面对全球。在中国有这样格局的城市，首推深圳；在武汉做生意，那就做湖北省的生意；但到了深圳，一起步至少是做全国的生意；要是在美国，可能一起步就是做全世界的生意。

文明围绕资源展开

人自从产生以来，就依托这个世界的资源而活着，所以人的整个文明都是围绕如何争夺群体生存资源而展开的。

最早的时候，争夺资源就是为了活着。欧洲为什么迅速崛起，与它对外殖民攫取资源有很大关系。这里不妨提下马铃薯，马铃薯原产美洲，而后传入欧洲各地。由于马铃薯适合在土地贫瘠、夜间温度低、干燥、日照时间短的环境中生长，移植到欧洲许多地方后，马铃薯比其他农作物更易生长，收成明显比小麦和大麦高。马铃薯对欧洲近代的发展扩张产生了重要作用。它在欧洲的出现直接导致了欧洲人降低婚龄，人口大量增加，为工业革命提供了充足的劳动力，人口的压力又为欧洲国家向海外扩张提出强烈要求。从另一个角度理解，到了近代，马铃薯作为欧洲的食品已经单一化，在饮食方面已经做到了极致，这固然可以理解为马铃薯受到了极高礼遇，却也凸显出欧洲资源的匮乏。当他们发现欧洲之外有更多的资源，包括食品，自然会有海外扩张殖民的冲动。

工业革命的率先成功使欧洲人在近代世界历史发展的关键时刻占尽先机，为他们对外扩张、征服世界提供了物质保证；美国为什么迅速崛起，与美国的资源丰富、地理上位于两大洋之间有很大关系；日本侵略中国，核心也是为了攫取族群生存的资源，日本岛资源有限，火山、地震频发，更要命的是这个岛不知道何时就会沉入大海，所以日本梦就是回到大陆去。

放眼世界，人类社会发展到今天，从冷兵器战争到热兵器战争、再到没有硝烟的商海之战，依然没有跳出对资源的攫取模式。全球秩序一直在争夺资源当中进行构建与重建。

历史上有个现象，一个落后的文明以武力征服一个先进的文明，落后的文明必将被先进的文明所同化。为什么会有这种现象发生？就是因为信息资源的不对称，开放性的心态不对称，所以它只能是以对资源和地域的掠夺为手段，展开一个文明对另一个文明的侵入。

这种对资源的争夺，我们也完全可以理解为对自己生存方式的确认，或者说对自己的文明的认可与主动传播。这不仅让我们想到大陆文明与海洋文明的区分，大陆文明是对自给自足生存方式的确认；海洋文明则表现为对全球资源的争夺。以海洋为通道攫取资源的方式，是一种向外开放的模式；以陆地为资源崛起的方式，是一种向内封闭的模式——这就是大陆文明和海洋文明的典型区别。

可见，大陆文明也好，海洋文明也好，都是围绕着资源展开的，从对资源掠夺的强度而言，海洋文明要远远胜于大陆文明，这也是不争的事实。这就让我们联想到，在现代市场竞争中，表现为一家企业在全球化的商业环境中利益链所在的位置。

全球开放的海洋文明

我们说，文明围绕资源展开，海洋文明自不例外。事实上，海洋文明是随着资源掠夺路径而诞生的。今天的世界实则就是一个海洋社会。

陆地和河流，给人类带来了农业、城市和大陆文明；海洋，给人类带来了更便捷的交流、商业和海洋文明。相比较而言，有了大型船只后，承载量更大，运输更便捷，范围更广阔，使得海路交流更密集，而人类文明就是在不断的交流中得以相互促进、持续发展。另外，海洋贸易对规则要求更严谨、对金融的流动性要求更强、对航海技术的要求更高，所以，人类历史上海洋文明的进步要比陆地文明更快。尤其是在 1500 年以后，出现了一个持续数百年的伟大的大航海时代，现代社会的方方面面大多形成于这个时期。

近代历史上崛起的强国，从西班牙、葡萄牙到荷兰、英国，都仰赖于海洋文明。当西班牙、荷兰、英国、法国、葡萄牙等西欧国家不断向新大陆殖民的时候，他们也开辟了一条条通向世界各地的航线，从而逐渐形成了一条独特的财富运转路线，那就是三角贸易线。所谓“三角贸易线”，是指在欧洲西部、非洲的几内亚湾附近、美洲西印度群岛之间，航线大致构成三角形状。在 16 世纪，欧洲国家从本国出发装载盐、布匹、朗姆酒等，在非洲换成奴隶沿着“中央航路”通过大西洋，在美洲换成糖、烟草和稻米等返航。由于被贩运的是黑色人种，故又称“黑三角贸易”，历时 400 年之久。在这个三角贸易中，英国则以其独特的地理位置、海盗文化和卓越的航海能力在这场大游戏角逐中逐渐成为一代霸主。

英国，是第一个真正受惠于全球海洋霸权的国家。自 16 世纪以来，英国先后击败西班牙、荷兰，逐渐成为世界第一海洋大国，正是依靠强大的海上实力，从而得以占据十分辽阔的殖民地，成为“日不落”帝国。可以说，英国海军为其全球市场保驾护航，而国家又用市场所得发展海军。这种优势，使得英国在保持自身地位的同时，又均衡了欧洲大陆各国。自 17 世纪开始，英国一直将海洋超级大国的优势维持到第一次世界大战，直至第二次世界大战才衰落，前后长达 300 年，至今依然是世界主要海洋强国之一。

海洋文明的诞生，就是一种生存方式的诞生。事实证明，这种生存方式更适合人类的发展，它也相应地促进了人类迈向现代文明。

严格意义上讲，西方海洋文明早期只有古希腊最具代表性。至于西方现代文明，我们之所以称为海洋文明，就在于 14 世纪初，欧洲进行了文艺复兴。文艺复兴以恢复希腊、罗马古典文艺和学术为面孔，彻底动摇了基督教会在欧洲的统治根基，导致近代自然科学的产生和发展。

海洋让人类走得更远，看得更远，其相应也就对航海技术提出了要求。海洋也是现代高科技研究与开发的基地，它为人类探索自然奥秘，发展高科技产业提供了空间。

海洋文明加速了人类社会进入全球化的进程。海洋文明孕育了商业文明，派生出了契约精神，这是一种自由、平等、守信的精神。这要比同时代的东方内陆文明强得多。

海洋文明的希腊建立了民主制度，这对现代西方文明产生了重要意义。民主强调平等和利益均衡，例如在官员的任命上，西方多采用选举制。虽然选举制也有诸多弊端，但其最大的好处是对利益均衡的照顾，做到了相对利益最大化。

可以说，欧洲是真正地融聚了人类的发展史，从最黑暗的宗教时代，到不断战争的时代，到高速发展时代，再到现在的高福利时代。英国与法国、法国与德国在采用了联姻、协议、战争等多种形式后，最终找到了一个利益共同体的最大公约数，构建了大国和小国、不同族群之间的利益共同体，所以欧洲和平安定了，在其本土很难再产生战争，这是人类文明的一大进步。

小族群的以色列文明

既然文明是围绕着资源展开的，而欧洲在海洋文明的润泽下，已经找到了适合自己族群生存的方式。但作为一些小族群国家，他们该如何在族群林立的世界中生存下去呢？以色列文明为我们提供了一个标杆。

仅有800多万人口的以色列，却拥有4000家以上的高科技企业，科技创新对以色列GDP增长的贡献率达90%以上。驱动“弹丸之国”以色列拥有惊世创新能力的原因到底在哪里？

以色列文明其实是一个比较特殊的情况，现在以色列的创新是非常厉害的，他们能把一个微小的创新做到极致，但又受制于很多历史和政治问题。应该怎样去看待以色列文明呢？

以色列文明是非常先进的，但是它的文明是在一种特殊状态下发展出来的。一是宗教，二是“背水一战”的文明。以色列以一个800多万人口的国家，就在全世界叫得这么响，没有一个族群有这样的能力，包括美国。

以色列前常驻联合国代表、黑石集团高级顾问丹·吉勒曼（Dan Gillerman）大使认为，军队、移民和教育科研三大因素，是推动以色列成为高科技驱动型经济体的主要动力。

以色列长年饱受战乱之苦，所以，以色列的很多先进科技和创新成果，最早都是萌芽于以色列的军队和国防科研机构当中，包括很多数码网络技术和其他领域的技术。

教育和产业界保持密切的联系也是驱动以色列科技创新的重要因

素。很多发明创造和技术创新，最早都是从大学里产生的，然后将这些创新技术产业化，再进而转化为民用。

以色列特殊的地缘政治和民族苦难的历史激发了它的人性中最大的公约数，为生存而爆发的能量，但是这种爆发的能量找到了一个最好的出口，不是通过消灭另外一个族群来保证的。

移民因素也是促成以色列保持创新力的重要原因。特别是 20 世纪 90 年代，大量的移民涌入，包括很多来自前苏联的移民。十年之内，迁入以色列的人口高达 300 万人。这些移民中有很多博士，也有很多科学家，这些新移民为以色列带来了技能和才学，推动了以色列的创新潮流。

以色列的底线很清楚，就是要保证耶路撒冷作为宗教的发源地，这是以色列文明的基本信仰。耶路撒冷是世界犹太教、伊斯兰教和基督教的圣城。1980 年 7 月 30 日以色列议会通过法案，宣布耶路撒冷是以色列“永恒的与不可分割的首都”。全民族都围绕这个基本信仰展开，不管是实施战争，还是建立新的格局。

同时，以色列退无可退，因为他们再退就是海洋，再退下去之后，800 多万人只有葬身大海。所以它具备文明的根本性要素，第一，海洋文化的开放性；第二，文明危机的迸发性。但是它找到了一个好的出口，用科技的手段做到全球化。以色列主要通过向外输出科技，来赢得民族的发展，从而赢得全世界的尊重。

以色列人是受教育程度最高的民族，有能力获取最大的信息。以色列有 24%的劳动人口拥有研究生以上的学历，居全球第一位。在过去的十几年中，以色列科学家在很多领域都取得了杰出成就，对世界科技发展做出了卓越的贡献，尤其是在电子和化学方面。以色列的商道是全世界商道的祖先，它有获得全世界信息的能力。

所以，以色列文明是一个非常值得我们尊重和学习的文明。近代以来，中国都以地大物博，天朝自居，鲜有开放的精神，文明的发展也随之衰落。在人类没有找到更好的生存方式之前，以色列文明和美国文明也许是我们的标杆，美国文明是综合性的标杆，以色列文明是一个独立小族群的标杆。

至此，我们可以总结出如下认识：全球一体化的今天，我们应该以开放的胸怀来迎接海量信息。如果我们都能公平地获取信息，整个人类才能维持一个平衡体。在人类大族群成为平衡体的情况下，才有各种小族群的丰富多彩；在这种小族群的丰富多彩的情况下，才有个体生命的鲜活，也才能体现个体存在的真正意义。

02/文明中的中国族群

族群是一种文明的载体，人最终是生活在一个群体中，我们希望找到这种适合族群生存与持续发展的文明。在这方面，我们中国人作为一个伟大族群有着不可推卸的责任。德国思想家卡尔·雅斯贝尔斯在《历史的起源与目标》一书中第一次提出“轴心期理论”。

雅斯贝尔斯认为，人类发展已经历了四个阶段：

第一个是史前。那个时代是如此久远漫长，以至于人们永远只能揣测而不能确知当时人的思想与状况。在史前，由于语言的产生、工具的制造、火的应用，人第一次变成了人。从生物学上说，全世界各人种、各民族的人同属一类，这种一致性是后来人认识历史的基础。

第二个是古代文明。三个最早的文明在地球上三个地区兴起：先是埃及、苏美尔、巴比伦、爱琴海，然后是前雅利安印度文化，接着是古代中国。这时已有了文字、高大的建筑和美妙的艺术品。为了管理河流灌溉，形成了国家组织。马的使用改进了战争技术装备，扩大了人的交往。更重要的是人的内在变化，人类开始从非历史走向历史。然而，这一时期几乎没有精神运动。

第三个是轴心期。公元前800—公元前200年发生的精神过程标志人类历史正处于一个轴心时期，公元前500年是它的高峰期。在此历史阶段，在中国，诞生了孔子、老子、庄子、墨子等各派思想家；在印度，那是佛陀的时代，所有的哲学派别，包括不可知论、唯物论、诡辩论、虚无主义等，都得到了发展；在伊朗，祆教提出了挑战性的观点，将世界视为善与恶的斗争。巴勒斯坦出现了以利亚、以赛亚等先知，希腊涌现出荷马、赫拉克利特、柏拉图等贤人哲士。所有这一切几乎是同时而相互隔绝地在中国、印度和西方产生。

第四个是科学技术时代。它从15世纪开始，经过17世纪决定性的发展，到19世纪全面展开，把欧洲与世界其它地区，特别是亚洲完全分开，使欧洲成为世界的中心。人们今天感受到的是这一时代改造的结果。

在雅斯贝尔斯看来，上述四个时期的历史意义是不能等量齐观的。史前与古代文明可以说是间歇期，而轴心期是突破期，科技时代则是第二个间歇期。在轴心期，众多的哲学家在世界上三个地区首次涌现，反映出人类意识的觉醒；当时，人体验到了人世的恐怖和人对外部世界的束手无策。正因为看到自己能力的限度，人类才意识到自己作为整体的存在，才去追求更高的目标，才对历史有了认识。人开始敢于依靠自己站立起来，在自己身上寻找根源，以自己的内心世界抗拒外部世界，借此又超凌于自身与世界之上。轴心期产生了我们至今仍在思考的各种基本思想，创立了人类赖以不断生存的世界宗教。从各种意义上看，人类进入统一的第一步完成了。

在此后人类历史的每一次新飞跃前，人类都要回忆这一时期，从中获得希望。回忆和重新认识轴心期的做法或叫作复兴，总是提供了精神原动力。任何没有获得轴心期突破的民族仍是“原始的”，继续其没有历史的生活。生活在轴心期三个地区以外的民族，要么与之保持差距，要么与之有所接触，被拖入历史。例如，西方的日耳曼人和斯拉夫人，东方的日本人、马来人和暹罗人。

当然这一时期并没有达到尽善尽美。在当时的条件下，哲学家靠个人游学传道，间接地影响大家。杰出人物与芸芸众生之间的鸿沟极大，绝大多数人跟不上圣贤的步伐。从全球来看，三大文明区域还只是孤立的三个点，因此这种统一只是在意识上和本质上的，而不是现实的、完全的统一。这一时期也有破坏与下降，最初的自由后来变成无政府主义的混乱。为了摆脱这种状况，三个地区都建立了强大的帝国（中国秦王朝、印度孔雀王朝和希腊罗马帝国），而轴心时期精神上的联系仍在各地留存，一直受到尊崇，并影响了后来的学派和教育（儒家思想在汉朝的发展，阿育王时的佛教，奥古斯都时代希腊罗马式的文化教育）。

相比而言，科技时代这第二间歇期与第一间歇期有着根本的不同。其一，在第二个间歇期，人们有了对前一个间歇期的历史经验；其二，第一个间歇期内人类世界分裂成几个平行发展的地区，哪怕是在最大帝国内发生的事件都是地方性的，对整体没有决定性影响，这就有可能造成西方的特殊性，使它率先进入技术时代。而今后不可能再有中国、欧洲与美洲的界限，对局部是决定性的事件对整体必然也是决定性的。第二个间歇期有可能导致新的轴心期。（《历史的起源与目标》译者序）

据上所述，我们可以看出在“轴心时代”，希腊、以色列、印度和中国四大古代文明，都曾先后以不同的方式经历了“哲学的突破”阶段。

在这个时期，中国没有缺席，为人类文明的发展做出了贡献，但是近现代后，中国却在此方面少有建树。如果人类的文明要发展，中国需要尽自己应尽的义务。中国应当以开放的情怀汲取西方文明精华，同时汲取中国延续千年的优秀文明，从中找到最佳的结合点，为人类文明的发展做出新的贡献。

从某种意义上讲，我们曾是世界上造船技术最发达的国家之一，但我们错过了海洋文明；我们曾经是世界上跑得最快的民族，但我们错过了汽车文明。今天，人类早已从陆地走向海洋，飞向天空，我们必须在人类即将迈入宇宙空间的时代，引领空间文明。

从孔子说到哲学与科学

我们公司大厅的墙上挂了一排名人照片。第一张是孔子，第二张是祖冲之，第三张是张衡，但是这之后挂的照片，几乎都是现代西方的科学家，当然，最后一张挂的是我们华讯方舟通信技术研究院的第一任院长陈鸿珅博士。这里面蕴含着一个观点：哲学指导科学，科学发展反过来促进哲学的发展。

孔子（公元前 551—公元前 479 年），名丘，字仲尼，在古代被尊奉为“天纵之圣”“天之木铎”，是当时社会上的最博学者之一，被后世统治者尊为孔圣人、至圣、至圣先师、大成至圣文宣王先师、万世师表。

孔子的仁说，体现了人道精神；孔子的礼说，则体现了礼制精神，即现代意义上的秩序和制度。人道主义是人类永恒的主题，对于任何社会、任何时代、任何一个政府都是适用的，而秩序和制度社会则是建立人类文明社会的基本要求。那个时候孔子应该算“全球达人”，当时中国正好处于大动荡时代，又是文化极其迸发的时代，他在文化迸发的时代中周游了列国。孔子一生游历丰富。他从漫长的旅游生涯中悟出精辟的人生哲理，并形成对旅游的独特见解。毫不夸张地说，孔子的思想不是凭空而来的，那是他的脚步丈量出来的。

祖冲之和张衡，都是东方伟大的科学家，也与我们从事的空间通信行业相关。

张衡（78—139 年），字平子，是中国东汉时期伟大的天文学家、数学家、地理学家等。张衡发明了浑天仪、地动仪，为中国天文学、机械技术、地震学的发展做出了杰出的贡献。

公元 132 年，张衡发明了候风地动仪。据《后汉书》记载，地动仪“用精铜铸成，圆径八尺，顶盖突起，形如酒樽，用篆文山龟鸟兽的形象装饰。中有大柱，傍行八道，安关闭发动之机。它有八个方位，每个方位上均有一条口含铜珠的龙，在每条龙的下方都有一只蟾蜍与其对应。任何一方如有地震发生，该方向龙口所含铜珠即落人蟾蜍口中，由此便可测出发生地震的方向”。世界板块运动频繁，地震频发，但真正能用仪器来观测地震，在国外是 19 世纪以后的事。这意味着，张衡的地动仪，远远超越了世界科技的发展近 1800 年。

祖冲之（429—500 年），字文远，是中国南北朝时期杰出的数学家、天文学家。其一生钻研自然科学，其主要贡献在数学、天文历法和机械制造三方面。他首次将“圆周率”精算到小数第 7 位，人称“祖率”。直到 1000 多年后，阿拉伯数学家阿尔·卡西才打破了这一纪录。除此之外，祖冲之还撰写了天文研究著作《大明历》，是当时最科学、最进步的历法，为后世的天文研究提供了正确的方法。

从孔子可以看出，当时的中国哲学引领着人类；从张衡和祖冲之可以看出，当时的中国科技领先于世界。这是中国族群引领人类的最好证明之一。

哲学到底是什么？古希腊人说哲学就是“爱智慧”；冯友兰先生说，哲学就是对人生意义的探究。在历史的长河中，一个人从出生到死亡，就像流星从天际划过。怎样使自己短暂的人生获得意义？换言之，怎样使自己不虚度此生？是我们每一个活着的人都应该思索的问题。古希腊哲学家苏格拉底有句名言，未经反省的人生是可悲的。我们应该学会反省自己的人生，使它变得更有价值，更有意义。

2007 年 5 月温家宝总理在同济大学做演讲时讲道：“一个民族有一些关注天空的人，他们才有希望……我希望同学们经常地仰望天空，学会做人，学会思考，学会知识和技能，做一个关心世界和国家命运的人。”古代的哲学家大多数也是天文学家。学哲学就要站在深秋的夜空下，同星星进行默默对话，唤醒和提高自己对自身“存在”处境的自觉程度。

“仰望星空”这个典故，就是出自古希腊哲学家泰勒斯的故事和黑格尔对此的诠释。泰勒斯号称“科学之祖”，古希腊第一位哲学家，他四处游学，不置产业。他曾用气象学知识预测当年橄榄会丰收，租下全城榨油机器做了一次投机生意，赚了一大笔钱，用以向人证明哲学家的智慧用来致富是轻而易举的事，但哲学家有更重要的事情要做。相传，他晚上走路，头望星空，看出第二天有雨。但一不小心，一脚踏空，掉进泥坑，后被人救起。第二天果然下了雨。有人讥笑哲学家知道天上的事情，却看不见脚下的东西。两千多年后，德国哲学家黑格尔颇富哲理地回驳说，只有那些永远躺在坑里从不仰望高空的人，才不会掉进坑里。

不过，自古以来，哲学的定义就一直存有争议，这个领域随着历史而不断地扩张，且根据不同的时代对不同问题的兴趣而改变着。一般认同哲学是一种方法，而不是一套主张、命题或理论。哲学的研究是基于理性的思考，寻求能做出经过审视的假设且不跳脱信念或者只是纯粹的类推。不同的哲学家对推理的本质有不同的想法。

比如英国哲学家罗素对哲学的定义：哲学，就我对这个词的理解来说，乃是某种介乎神学与科学之间的东西。它和神学一样，包含着人类对于那些迄今仍为科学知识所不能肯定之事物的思考；它又像科学一样是诉之于人类的理性而不是诉之于权威的，不论是传统的权威还是启示的权威。一切确切的知识（罗素认为）都属于科学；一切涉及超乎确切知识之外的教条都属于神学。介乎神学与科学之间还有一片受到双方攻击的无人之域，这片无人之域就是哲学。

爱因斯坦则这样谈论哲学：如果把哲学理解为在最普遍和最广泛的形式中对知识的追求，那么，哲学显然就可以被认为是全部科学之母。

我一直认为哲学指导科学，科学发展反过来促进哲学的发展。因为有孔子这样的大哲学家，当时的科技也就自然发达。但中国古代的哲学大发展、思想大碰撞、人才辈出的年代几乎都是在四分五裂之时，而一旦大一统，反而思想就趋于僵化保守。这也许是与当时统治者过于僵化地以管人为主、以管为理，而不是以理来管的管理思想分不开的。往往哲学不兴，科技也难百花齐放。近代东西方文明的差距亦证明这一点。

开放的汉唐与闭关的明清

汉唐是中国最开放和最鼎盛的时代，这也是显而易见的，越开放，信息量就越多，决策也就更为正确，政府的运行也就更为高效透明，治下民众也就更为自信自由。2100 多年前，中国汉代的张骞出使西域，自此之后华夏大地与西域诸邦之间“驰命走驿，不绝于时月；商胡贩客，日款于塞下”。同样，在海上丝绸之路，郑和七下西洋，带去的是瓷器、茶叶、丝绸、工匠，而没有带去总督，没有带去扩张和称霸的野心。汉唐盛世，曾经花雨缤纷、舟楫络绎的古丝绸之路，彰显着古老中华文明“和平、开放、包容”的历史血脉。随着农业的发展，商业、手工业及文化科技事业也随之繁荣发达起来。许多海外商人、使者慕大唐盛名而来，最远的波斯、大食（伊朗）都派使节来参观、访问以示友好。当时的唐朝已成为亚洲的经济、政治和文化中心。

日本是承袭汉唐文化最好的民族。大和民族的问题在于族群的封闭性很强，甚至封闭到了狭隘的程度，很难跟其他民族进行融合，完全是自成一体的。这是长期以来的岛国文明决定的，与大和民族长期以来偏安一隅，总想凭借一隅之力撬动整个世界的妄想亦表现一致。

所以，大和民族的问题是它在传承汉唐文化上是开放性的，但是民族的内心却是封闭性的。一方面，就这个民族的繁荣和发展来看，它绝对具有全球性、开放性；另一方面，就这个民族的繁衍和延续来看，它的心态极具封闭性，甚至狭隘性，所以这个民族表现出极端的双重性格。《菊与刀》这本书中就揭示了日本人所具有的矛盾性格，爱美而又黩武，尚礼而又好斗，喜新而又顽固，服从而又不驯。

中国进入近代之后，确实落伍了，几百年来，鲜有大的哲学家诞生，促进人类文明的进步。之所以如此，根本原因就是“闭关锁国”。

明清两朝都实行“海禁”政策。明朝海禁，只是禁止民间私人的海外贸易，并不禁止外国来华贸易，后来明政府曾一度开放海禁，沿海地区的海外贸易又蓬勃发展起来。但到了清朝，清朝皇帝以“天朝上邦”

自居，认为“天朝物产丰盈，无所不有，原不藉外夷货物以通有无”，长期关闭国门，严格限制国人对外交往。乾隆二十二年（1757年），清政府下令，除广州一地外，停止一切对外贸易，这就是所谓的“一口通商”政策，彻底奉行起闭关锁国政策。

“康乾盛世”是指康熙、雍正、乾隆三代皇帝统治时期，从1644—1911年，包括康熙帝61年，雍正帝13年，乾隆帝60年，共134年，恰好占有大清朝一代立国268年之半，是清朝统治的最高峰。在此期间，中国社会的各个方面在原有的体系框架下达到极致，但也有批评者认为体制僵化从彼时埋下祸根。

“康乾盛世”可能是其治下人类思想的封闭走到了极致的时候。皇帝足够强势，唯我独尊，听不到也听不得不同声音，看不到也看不得不同事物。

康熙的师傅是汤若望、伍次友等人，还有陈廷敬、熊赐履、南怀仁（洋教师）、傅以渐教他，那个年代最博学的天文学家、思想家、数学家、儒学家，都教他一个人。他自己一个人获得的信息量是最大的，所以他在组织中的角色，肯定是优于别人的，称古今第一帝。但这里面就有一个问题，因为他自己是最优秀的，所以他在奴役别人的时候就最有权威，那么别人的思想也就被禁锢了。

我们不妨把乾隆和华盛顿对比一番，他们的服装是一个穿靴子，一个西装革履，但他们是同时代的人。乾隆死在1799年的年头，华盛顿死在1799年的年尾。比较下两者功绩：

乾隆盛世，皇权专制尤胜于明代。明朝取缔了宰相制度，集独裁于皇帝一身，却还有内阁制，大臣尚能公开议政。清朝干脆则以军机处取代内阁，将一国政事包揽在皇室之内，皇家私权压抑行政公权。乾隆兴起的“文字狱”也猛于康熙，康乾年间有 180 多起重大的“文字狱”事件，其中七成是乾隆干的。

西方的华盛顿在这期间领导了一场独立战争，成立了一个独立的国家。他本有机会做皇帝，却选择当一个民选总统，并在两届任期结束后，自愿放弃权力不再续任。他主持起草了《独立宣言》和《美利坚合众国宪法》，尤其宪法的制定，目的有两个——限制政府的权力和保障人民的自由。

1799 年是不平凡的一年。在 1799 年，乾隆的名声、权力和财富都远远大于华盛顿，可是，随着时间的推移，两人不同的政治遗产让他们在历史的天平上获得了重新评价。

清朝最大的问题，在于满人虽然用落后的武力征服了大陆的先进文化，一方面认同汉人文化，另一方面又不敢开放，不具备开放的心态。怕一开放，满人会被汉人同化，所以要维持满人的传统，渐渐变得保守僵化，越发独裁，控制思想，发动“文字狱”。这一时期，我们这个国家，我们这个民族完全走向了一个封闭状态。思想只要不开放，信息就会越来越闭塞。思想之所以不开放，在于统治者希望每个人知道的越少越好，才越好统治。

17 世纪中期以后，历史开始跑步前进，新的生产力蓬勃发展，政治文明的进步也同样迅猛，西方各国人民通过立宪制和“代议制”实现了对统治者的驯化，把他们关到了法律的笼子里。而中国依然在皇权的奴役之下。

考察近现代史上，欧洲产生诸多哲学大家，笛卡儿、斯宾诺莎、莱布尼茨、贝克莱、孟德斯鸠、伏尔泰、康德、黑格尔，等等。在这些思想的迸发下，诞生了在西方文明下的牛顿、爱因斯坦等。他们跟东方文明没有任何关系。

总而言之，在文艺复兴、启蒙运动、工业革命、社会革命等运动中及其影响后，西方在哲学领域、科技领域都是人才辈出，硕果累累，对人类文明的发展做出了巨大的贡献。尤其牛顿建立了经典物理学的大厦，而爱因斯坦提出的广义相对论，彻底颠覆了人类的传统时空观，对人类的思想构成了巨大冲击。量子力学所提出的“不确定性”理论也同样改变了人类的认知。

两次睁眼看世界

鸦片战争以后国外的地理知识、科学和思想不断涌入中国，开启了中国近代巨大而痛苦的现代化变革。中国人睁眼看世界的历史是不同文化碰撞的过程，近代社会的几次睁眼看世界，对中国来说既是灾难也是重生的契机。

一百多年前的世界正处在全球殖民主义浪潮的顶峰。弱肉强食是国际政治最通行的规则，战争和奴役是合法的争取民族生存空间的手段。在那样一个残酷的世界里，中国恰恰巨大、富饶而虚弱，稍稍怯懦不抵死抗争，就会有被瓜分灭绝的危险。西方先进的工业技术和科学知识让中国人深深地感受到落后的耻辱，萌发了奋起直追的动力。

魏源被称为近代开眼看世界的第一人，清政府开展洋务运动，提出“师夷长技以制夷”；继之而来的是康有为、梁启超的维新变法，孙中山领导的辛亥革命，这些艰难的探索由于种种原因几乎都以失败告终。因为太多次的探索失败和情感压抑，当时的精英们非常失望，以至于到陈独秀发起五四新文化运动，由于太过焦虑，没有去客观地比较中西方文化，就接受西方人为侵略中国而编造的一套中国国民存在劣根性的荒唐说法。中国第一次开眼看世界，却把世界看歪了，以至于中国整个民族都不自信，一味地跟着西方走。

自 1978 年中国改革开放以后，我们又迎来一个“睁眼看世界”的机会，中国人民以极大的热情继续学习国外先进的技术知识和管理制度，实现了中国追赶式发展的经济奇迹。

然而，今天国内外的局势已经发展到一个新的阶段。现在的经济全球化，与过去的侵略有些相似，它是美国构建的用全球其他国家的环境、资源、劳动力为它的利益服务的现代殖民模式。因此中国改革开放以来，睁眼看世界，向世界学习技术带来的发展效应已经逐步衰竭，中国需要发展自己的技术并进行制度创新。

今天中国面临的时局与一百年前已经有了天翻地覆的变化，经济总量跃居全球第二。今天的睁眼看世界，已经远远不是当年那个层面了。当年主要解决的是敢不敢看、能不能看的问题，而今天要解决的是会不会看的问题，即怎样看，看哪里，看的程度深不深，范围广不广，内容精不精，质量高不高，效果好不好的问题。这里的关键，是看的效果好不好。看的效果如何还来自我们开放过之后如何消化这些看到的内容，如何活学活用，让中国的发展更进一步。

总之，今天中国人要用新的眼光开眼看世界，突破浅薄的印象，建立深入的理解；淘汰过时的认知，把握最新的时局；打开狭隘的眼光，放眼广阔的世界。

没有开放，何来文明发展

回到眼下，改革开放 38 年了，我们重新打开国门看世界。

在我们这一代人或者下一代人中，一定会有一些新的生活、生产模式的变革。因为整个人类的生存载体已经完全不一样了，今天的地球不是以前的地球，今天人们的生存、沟通方式，已经远远不是以前的生存、沟通方式了。整个人类族群中的大部分，都已经摆脱了贫穷，走在发展的道路上，在这种道路上，我们怎么思索人类新的文明发展？

如果我们努力地追溯并探索一种人类文明的新高度，或者生存、发展的新模式，那么，这个文明一定是开放式的。整个人类的生存史上，没有一个封闭式的国家成为一个先进的国家，更没有一个封闭式的文明成为主流文明。

“开放”通俗来讲，就是要有视野。

对人来讲，大脑区别不是很大，之所以有的人成为卓越的领导人，有的人成为普通人，是因为个人走的人生路径不同，所获取信息和视野不同，某种意义上也是开放度上的差异。太史公当年壮游河山，可谓读万卷书行万里路，有如此开阔的视野，才能写出“史家之绝唱，无韵之离骚”的《史记》。

开放的第一要义，在于如何获得更多的信息。

历史经验与教训表明，我们必须开放。我生活在深圳，也常去香港。虽然深圳在经济上可以追上香港，但去了香港还是有感触的。比如在深圳上下扶梯的时候，站左边、站右边都无所谓，但如果去了香港，不在右边站着，会感觉很不自在。因为，这种规则已经成为香港的一种秩序和文化了。

我有个哥们儿非常纯朴，自小生活在草原上，一直在广阔的草原上开车驰骋，到了城市里不知红绿灯为何物。这是他的过错吗？当然不是，草原上开车，哪里有红绿灯，想怎么开，就怎么开。

一个人成长中看到的视野，决定了他的信息获取量，要想看到全世界，你就得在太空看地球。

2011 年美国东部时间 5 月 1 日，美国特种部队突袭“基地”组织头目乌萨马·本·拉登。在突击部队与对手交火那一刻，奥巴马和幕僚们身处白宫时局值班室，观看卫星实时传回的现场视频画面。

《时代》周刊评论说，在现代社会，总统能像打视频游戏那样“亲历”自己一方的军事行动。只不过，他无法亲临指挥，不能在行动中与指挥官联络。

所以，中国也要有获取全世界信息的能力和手段。首先，要开放。但开放，也不需要像以前一样走遍全世界，更重要的是，要拥有看到全世界的能力。

什么都不缺，但又什么都缺

面对“中国缺什么”这样一个问题，我的看法是，中国什么都不缺，但好像又什么都缺。

我们缺什么？大国的地位、民族的自信心、国家富裕的程度，甚至法律的完备……宏观上我们确实什么都不缺。从总体数量上讲，我们已达到一个前人从未达到的“不缺”的程度——科研水平、文化教育、医疗建设、社会发展的方向、市场经济法规的建立，什么都有。但仔细再想，尤其是从“缺什么”的角度去想，又觉得似乎什么都缺。

中国不缺“中国制造”，中国缺“中国智造”。中国不缺实用主义，中国缺真正的工匠精神。中国不缺教育，中国缺通识教育。中国应以素质教育代替应试教育。中国不缺先进的互联网技术，中国缺坚守技术背后应有的底线。

这种什么都不“缺”，但又什么都“缺”的状态，表明今天中国社会已进入复杂多元的深度转型期。可以说因为中国太大、因为人口太多、因为历史包袱太沉重、因为社会转型太过艰难……但充斥在眼前的是好的坏的同时并存、喜欢的不喜欢的杂糅交织。当整体社会迈入现代化门槛时，无数传统的东西亟待解决。过去老讲“光怪陆离”，一直对这个词没有切身感受，现在认真观察当下出现的各种美好与纷乱混杂的现象，真的可以知道光怪陆离是何种景象！

对于物质方面的贫乏，中国人民用自古的勤劳奋斗将中国逐渐推向经济大国。如果我们回顾过去几千年中国在世界民族之林发展拼搏的历程和其他“大国”崛起的历史，就会发现影响未来中国发展的因素似乎不在物质层面而在精神层面。但是从精神层面来说，中国还存在短板，以至于在很多方面我们都是只有“表”，没有“里”。

“修身治国平天下”新解

整个族群都需倡导“修身治国平天下”，只不过因为格局不同，理解程度不同。修身是什么，作为生命的个体来讲，通过教育、学习、自省提高自己的修养；治国是什么，创造一个适合族群发展的人性最大公约数的环境；平天下是什么，把东方新文明向全天下输出，让别人认可。

以色列和美国这两个国家在修身和治国这两个环节，已经内化成一种秩序。美国谁做总统，根本不用太关心，对美国的体系秩序没有太大的影响，因为他们已经建立了大家认可的游戏规则，以色列也是如此。

即使现在，中国最缺的或许依然是国民教育与公民教育。国民教育体现的是国民应当有的权利与义务，一个合格的国民要热爱生养自己的热土，要对自己族群的文明高度认可；公民教育则要求一个合格的公民要遵守秩序，建立完善自己的现代人格，为他人着想，为人类的发展奉献自己的才智。

故而，在当今开放的时代，我们“修身治国平天下”需要有新的诠释。修身，做一个合格的国民，一个对秩序、自由有追求的公民；治国，建立坚持开放、与世界的普世价值契合、具有包容性的体系，拥有全球最大化的信息处理能力，探寻最好的生存和发展模式；平天下，为人类文明发展奉献自己的努力，并能赢得别人的尊重。

中国社会何处去

为了中国族群的发展，中国社会应坚守三条底线，即医疗、教育、法治。医疗是为了保障身体康健，让生命质量得以提高；教育，要保障人们受到教育的权利，拥有获取信息的能力和权利，即保证思想自由；法治，要依法治国，维护社会秩序，保障私有财产与个人自由。

中国人也是人类的一部分，拥有人类的共性。中国人是人，人和人是有共性的，在人性上都有最大的共同点。中国人不该回避人性共通的东西，西方有西方的普世价值，它是西方文明的最大公约数，东方也有东方的普世价值，两者不是对立，而是相容的，我们不该回避普世价值，而是要大谈东西普世价值的融合问题。

考察中国的历史，不难发现，除了清朝，中国的历史是开放的，虽然制度上依然是皇权，但还有相对的自由。但清朝，让中国的历史走入了彻底的封闭状态，汉人在清朝连奴才都做不得，因为奴才是满人才能担当的。此时，中国的思想界已经万马齐喑，所以那些学人也都从事整理注释了，没有再出现百家争鸣、两汉经学、魏晋风度、宋明理学等盛况。中国要进步，就不能钳制思想。

思想要自由，那么社会就要开放、包容。

人性的第一要素是活着，活着要有充足的食物，充足的食物需要劳动获取。在这个基础上，人要追求生活的质量提高，就需更加丰富的物质，这就要通过人的生产力的大发展。生产力的大发展需要良好的生产关系，良好的生产关系需要通过管理来实现。这其中，货币是促进生产关系管理的有效要素。所谓经济基础决定上层建筑，这句话是对的。但其实政治是人类最大的秩序与公益。目前，我们应该建立明晰的现代制度，建立既传承东方文明又融合西方文明，既符合国情又适合人类共性的有利于本族群生存和发展的体系。

03 / 族群间的文明激荡

东西文明差异

西方文明从其诞生到现在一直没有形成统一的整体，在文明的延续中，会有新的文明突破以往的文明，创造出新的文明。中国文明则不然，它始终有一个根基，形成一个中心主干。有个很有趣的现象，历史上，蛮族入侵的主体是游牧民族，他们本身就羡慕中原文明，自愿纳入其文明体系；而西方的蛮族一般都是农耕化的民族，其本身就具有吸收与突破的特质，所以他们的文明传承是总变的。当然，传承中国文明这个族群过于庞大，这不是哪个蛮族想改变就改变的，况且中国文明具有包容性，也可吸纳化解外来文明。西方文明则在发展中显示出排他性，这与其宗教色彩是分不开的。

为什么在"二战"之后，西方领先于我们？现在整个欧洲内部之间，几乎很难再有战争；美国更不用讲了，得天独厚，两边都是海（两次世界大战都未在其本土发生），联邦制的各州也很难发生战争。

历史上，欧洲也曾战火不断。欧洲诸国也通过婚姻、签订各种协约维持和平，但都不行，该打仗还得打仗，只有到“二战”以后，他们解决了利益共同体的问题。

我去欧盟参观，其实这些小国家还挺祥和。可是他们从 20 世纪 60 年代到现在也没什么变化了，因为他们的生产力没找到新的方向，很难有大的超越。不像我们这样，天天高楼大厦在新建，他们那里十年如一日，就是看历史了。

西方文明的传承建立在海洋文明的开放性基础上，而东方文明则在文明的传承上还没有破茧重生，找到突破的方式。

从历史上看，我们中国每一次文明的传承，都是以生产关系的大倒退和生产力的大破坏的改朝换代为代价的。

所以东方文明走到今天，传承问题还没有完全解决。

历史的终结？

1989 年，美国政治学者弗朗西斯·福山发表论文《历史的终结？》。柏林墙的倒塌催生了这篇论文。福山提出“历史终结论”，认为 20 世纪社会主义制度实践的大规模失败，标志着西方自由民主制度是“人类最后一种政治形式”和“人类意识形态发展的终点”，标志着“历史的终结”。这是西方主流政治哲学为处于困境中的自由民主制度所作的一次最激进的辩护，不仅回护其政治基础，而且试图恢复自由主义的绝对话语权。

喊出“历史的终结”25年后，福山不再认为，西方体制是放之四海而皆准的一剂良药。在2014年9月末出版的新著《政治的秩序和政治的衰落》中，他的视野从西欧、美国、苏联的经验扩展到阿拉伯国家、希腊、德国、中国、意大利、印度、拉美……福山开始重视国家治理绩效问题，关注国家能力问题，其实是回到了中国政治学强调的治国理政和国家治理这个中性词的主题，而不是神学或者意识形态色彩很浓厚的“自由民主”学说上。

特朗普崛起与英国脱欧

2016年3月，美国最具知名度的房地产商唐纳德·特朗普在美国大选共和党初选“超级星期二”共获得7个州的胜利，遥遥领先。2016年5月26日，特朗普在共和党内的代表支持数达到1238票，正式锁定共和党总统候选人提名。

2016年6月24日，备受关注的英国“脱欧”公投尘埃落定，主张“脱欧”一方以51.89%的支持率赢得公投。这被看成2016年最大的“黑天鹅”事件。事实上，大部分人预期英国不会脱离欧盟。英国脱欧公投结果令人大跌眼镜，脱欧派意外赢得公投，英国原首相卡梅伦继而宣布辞职，黑天鹅事件愈演愈烈，并引发全球资本市场剧烈动荡。

这次英国公投和特朗普作为总统候选人“黑马”有很多共同之处。首先，都是草根民众与政治上层当权派人物的决战，也都是草根民众出人意料地获得胜利。其次，民众的不满也都是出于经济发展过程中的失落感，表现出仇外排外、反移民，在外交政策上面倾向于孤立主义。最后，政治人物都低估了广泛存在于民间的愤怒情绪。

特朗普的崛起，意味着民粹主义呈上升趋势，民众不再愿意简单接受传统政治的领导方式，而亟须发出自己的声音。而英国公投脱离欧洲是又一个新例，而且还是升级版。就在本书即将出版之际，美国大选结果揭晓。2016 年 11 月 9 日，美国大选计票结果显示：共和党候选人唐纳德·特朗普已获得了 276 张选举人票，超过 270 张选举人票的获胜标准，当选美国第 45 任总统。这些都充分表明，即使在美国和欧洲发达的区域与族群中，其社会分裂程度已到了令人咋舌的地步。

应该说，西方文明目前依然是这个世界的主流文明之一，这有两个基本特征，第一，它的文明依然体现在对生命的尊重；第二，通过民主选举获得不同利益族群间的最大公约数，实现不同族群间的利益平衡。

但现在民主选举也出现了一些现象，也就是在平衡不同族群利益方面出现了问题，平衡被打破，那么以往期待的民主选举效果就出现了偏差，也就必然会走向民粹。民粹是一种人民不满现状的意识形态，民粹主义者往往认为精英阶级所代表的统治团体，既腐化又堕落，因此宁愿要人民相信自己，也不愿相信这套制度，所以民粹主要的特质就是对政府的怨怼。

事实上，民粹主义同为民主的分支，同样致力于治理，其共同点是同样主张建立秩序。但因为政权属性不同，族群利益不同，二者产生倾向性，导致民主分化为精英主义和民粹主义。二者各有长短，越来越多的国家结合二者相互补充，相互完善。

不管是特朗普现象，还是英国脱欧现象，从长远来看都是人类文明的一个进步。在发展层面，究竟是把大家都聚在一起，搞个大联盟好，还是各干各的好，全世界没有一个标准答案。很多欧洲小国家，像卢森堡，国民幸福指数就很高，第一生态环境好，第二国民待遇高，第三人口素质高，这也是挺好的发展模式。

现在欧洲有一个非常大的挑战，就是难民的涌入。2015 年夏天，深受战乱、贫穷困扰的中东、非洲难民们铤而走险，一路颠沛流离、风餐露宿，前往心中向往的欧洲，造成了欧洲难民危机。此次难民潮可称为战乱综合后遗症，是几个因素叠加的结果：伊拉克、利比亚乱局持续发酵，再加上叙利亚内战和伊斯兰国乘乱兴风作浪。因此，这波难民潮就具有难民人数多、来势汹汹和解决难度大的特点。

这是文明过程中的一个徘徊，总有族群希望维持自己的利益，希望自己的族群过得更好一点，不去承担更多的人类共同责任，但是为人类承担共同责任是人类文明发展的最大公约数。故而，无论哪个族群文明发展，必须把开放与包容作为发展的基石。

族群的存在方式，是联盟的大族群好，还是每个族群独自存在生活更好，这是一个有待观察的问题。如果我们放大视野，宇宙也是这样。我们现在发现了很多恒星，理论上讲有些恒星会有智慧文明存在，也许这些恒星上的族群比我们生活得更幸福，这就是宇宙文明。

我们要正确地看待这两个现象，这两个现象都是对人类文明未来发展模式的良好探索。整个人类是个大族群，通过信息化的手段获得了更多的信息，英国脱欧和特朗普现象都是基于他们掌控全球信息的情况下，做出的判断。在“地球村”时代，特朗普认为要拒绝穆斯林，要维护自己的小族群利益；英国脱欧也是如此，英国代表自己族群的利益。只要在不脱离人性的最大公约数这个根本前提下，这些现象都是成立的。这是全球化进程中必然面临的新问题，人类社会未来的进步必须把全球一体化与照顾小族群、特殊阶层利益特殊化相结合。

04 / 科技革命引导文明

科学技术带来文明曙光

一部人类的科学技术史，是我们人类对自然、宇宙以及我们人类对自身进行不断的认识、开发的历史，也是我们人类逐渐走出蒙昧、迷信，走向开化、文明的历史。在人类长达 5000 年的文字记载历史中，科学技术史占有举足轻重的地位。在历史的转轮下，我们从石器时代来到了铁器青铜时代，接着进入蒸汽时代，随后来到电气时代，最终是现在的信息时代，以后还要步入智能时代。

科学技术带给我们的好处是显而易见的。那科学究竟是从什么时候开始有的呢？我们中国人常说，我们古代有四大发明，不过，那还不能称为科学，科学必须要结合理性而非经验，中国古代的发明往往更多是经验之学。真正的科学起源于希腊。可以说，科学本身是欧洲的发明之一。希腊人最早对世界形成了一种不同于神话而又系统的理性看法，而且创造了一套数学语言来把握自然界的规律。我们现在听到的一些著名科学家，比如欧几里得、阿基米德和托勒密就活跃在那个时期。他们是古代世界在几何学、力学和天文学上达到的三座高峰。

然而，科学虽然是个好东西，但它的历程并不是一帆风顺的。自从罗马人统治了西方世界，希腊丰富的科学遗产就被他们一点点地丢弃，直至文明的光辉完全熄灭，进入长达500年的黑暗年代。

欧洲黑暗年代（公元6世纪至11世纪）的自然科学处于沙漠状态，不过阿拉伯人却建立了经济繁荣、文化发达的阿拉伯帝国。阿拉伯人继承了希腊人的科学遗产，大量翻译了包括欧几里德《几何原本》和托勒密《至大论》在内的希腊科学著作。今天的许多科学术语都来自阿拉伯文，这正是因为近代科学继承了阿拉伯人的科学遗产。

11 世纪之后，欧洲开始从漫漫长夜苏醒，十字军东征从阿拉伯人那里带回了中国的四大发明和希腊的学术；通过翻译希腊古典文献，欧洲学术得以复苏。大翻译运动在西班牙和意大利两个中心进行，因为它们离阿拉伯文化和希腊化文化区最接近。希腊理性精神逐渐在古老的欧洲大地醒来，这期间还诞生了实验科学的先驱罗吉尔·培根。

接下来便是著名的文艺复兴，就科学史而言，文艺复兴更全面地恢复了希腊自然哲学的整体面貌。这一时期航海罗盘、钟表、枪炮、印刷术等出现，以及美洲的发现，都为科学革命提供了合适的气氛和时代背景。人们即将从古代的知识范围里走出来，去探索无限的宇宙。

世界观的重大变革确实是从哥白尼革命开始的。希腊人以及中世纪的宇宙，是一个层层相套的有限的球体，地球则居宇宙的中心。近代思想的一个革命性的变化就在于从有限封闭的世界，走向一个无限的宇宙。于是，我们就不难理解，为什么哥白尼革命对于近代世界这么重要，因为这场宇宙论革命，既是天文学的也是人类学的，既带来了世界图景的改变，也导致了欧洲心灵的重建。

随后的 17 世纪科学革命从一开始便推翻了当时依然是主流的希腊科学，一连串科技史上的巨人相继出现，一系列重大的科学发现构成了近代自然科学革命，牛顿力学体系的建立为近代科学奠定了基础。从此，科学摆脱了神学的束缚向前发展，新的学科相继诞生。

到了 17 世纪末，古典科学的基本纲领已经建立，人们将在 18 世纪将之付诸进一步的实施。这个因为英国工业革命和法国大革命而闻名的新世纪，是一个技术革命与理性启蒙的世纪。尽管如此，理论科学的成就通过转化为实用技术以及通过启蒙运动的大力宣传，正成为一种重要的社会力量而登上历史的舞台。

19 世纪进入了近代科学全面繁荣的时代，建立了各门自然科学的理论体系。从此，人与自然的关系完全进入了一个前所未闻的历史时期：人类正在高度地开发自然力，并创造着一切世代都不曾想象的物质文明。

19 世纪末 20 世纪初，新的科学发现宣告了近代科学的终结，自然科学开始进入现代发展时期。随着技术的进步，我们迎来了人类历史上的第三次工业革命。19 世纪 60 年代开始的电力技术革命使得欧美的产业革命继续深化，并且又一次地给这一时代的生产体系带来了革命性变革。电机、内燃机的发明和应用使得生产制造和交通运输部门各类传统产业获得了新的发展，从根本上改变了蒸汽机时代生产体系的性质，使原有生产体系从资本密集型向着技术密集型方向发展。

而当今更是到了一个急速变化的时代，在互联网、机器人等新一轮科技革命的助推下，第四次工业革命已经来临，全球制造业正面临深刻变革。许多国家已将制造业的转型升级上升为国家战略，如美国的工业互联网、德国工业 4.0、英国制造 2050、新工业法国、印度制造战略等，作为制造业大国的中国则在 2015 年 5 月发布了《中国制造 2025》，明确智能制造是建设制造强国的主攻方向，全面推进实施制造强国战略。

工业史也是文明史

世界工业发展史也是一个文明发展史，世界文明的推进是由技术的变革来实现的。往往是先有技术革命带动产业革命，从而对社会的政治、经济、文化、思想产生影响，进而推动整个社会文明的进步。工业革命自英国开始，19 世纪 40 年代有了蒸汽机，从而带动能源钢铁甚至银行业产生，才有了近现代文明。

我们通过简单比较可以看出，在工业文明史上，当年的美国重复欧洲的故事，而现在的中国则是在重复美国的故事。但是不同的发展阶段，我们面临的机遇与选择也不一样。

1800—1850 年。当欧洲正在进行工业革命的时候，美国仍然是一个落后的农业国，工业区仅集中在东部沿海的一小块地方，其情形与 1980—1990 的中国相似。

1860—1890 年。美国出现了钢铁大王卡内基创建的卡内基钢铁公司这样的伟大企业，1890 年前后，美国的钢铁生产量第一次超过英帝国，GDP 也跃居世界第二，仅次于德国。华尔街也迎来了美国第一次大牛市。这一时期的美国类似中国的 2000—2010 年，数亿农民涌向城市，城市化率达到了 50%，房地产和钢铁成为第一大产业。房地产、煤炭、钢铁股票在 2005—2009 年经历了一次大牛市。

1900—1930 年。伴随着新工业革命，福特汽车、通用电气、波音飞机、美林证券、美孚石油这些伟大的企业先后在美国崛起。美国历史上的黄金十年（1910—1920 年）正是得益于汽车产业的发展。但这十年，也是浮躁的十年，股市投机狂热，导致了 1929 年的经济大萧条。2010 年的中国与 1910 年的美国颇为相似。房地产的黄金十年即将过去，钢铁、煤炭行业陷入低迷，纺织业向东南亚转移，汽车大规模进入家庭。

1940—1970 年。石化、电子成为美国主要的行业，标志着重化工业的真正完成。养老基金逐渐成为股市投资主力，金融市场整体变得理性平稳。摩托罗拉、惠普、德州仪器等新一代企业崛起。民主法制建设更加完善，鼓励自由创新，美国已经成为人类现代文明的标杆。

1980—2010 年。科技网络行业成为主导，代表着信息产业革命的升级。IBM、微软、思科、苹果、谷歌、FACEBOOK 等伟大企业先后在美国崛起。

直至今日，以新一代信息技术、新能源、新材料、生物技术等为代表的新技术革命正在孕育之中，主要国家正在为抢占新技术领域的制高点谋篇布局。新一轮产业革命与新技术突破，将重塑全球经济格局，对各国而言，均是机遇与挑战并存。发达国家试图借助再制造业化战略，在未来全球新技术、新产业竞争中占据有利地位，而中国的追赶的脚步仍在继续。

今天，中国在创新能力方面有些甚至超过美国。虽然中国的工业发展轨迹与美国有诸多相似，但也必须强调，制度文明对工业文明的进步有着巨大推动作用，否则工业文明的发展将无以为继。但对一个企业而言，我们能做的就是认清当下是个科技创新的时代，唯有摆正自己的位置，才能在市场竞争中立于不败之地。只要我们看清世界的形势和时代的发展，我们就能清楚地知道自己该干什么、能干什么，我们就能知道我们这个企业在哪个阶段能应运而生、脱颖而出。从大范围来看，虽然我们是在重复昨天的故事，但是我们的进展远远快于预期，这就是我们的机遇，是世界和时代赋予我们的机遇。

05 / 宇宙是由波传递的文明

宇宙是个平衡体，地球是个平衡体，人体也是个平衡体。我认为这些平衡体通过波，各种不同的波进行传递。

宇宙通过波传递

量子力学诡异的基础，实际上是意识和物质世界不可分，意识促成了物质世界从不确定到确定的转移。这点很像在佛学中，一个念头一下子使物质世界产生出来了。物质世界产生出来实际上是从不确定一下子变成确定的，这两者很类似。

最高形态的波是什么，我在这儿想一个东西，你能感觉到，不是用言语感觉到，就如我对你眨下眼，你就能知道我的意思。这不仅仅是基于我们对相互理解的基础上，也不仅仅是基于我做出的状态、形态的基础上。而是我们对信息的共同接触，有时候就是有这种意识的传递，也许是有一种无形的波在传递。

不管是地球、太阳、月球、宇宙之间的能量传递，还是简单到人和人眼神的传递，甚至两片树叶之间的传递，可能都是凭借一种波，以此组成我们这个可爱的世界。

人类现在看到的波，比如微波、太赫兹，理论上讲已经到了极致，再往上，紫外线、红外线、激光，这都是人类所感受到的，已经变成了物质形态的波。但也应该还有意识形态的波在主导，或者每一个物质形态的波，都对应着一个意识形态的波。

宇宙就是一个平衡体，自然和谐地发展。落实到人类社会，就是追求人性的最大公约数，达成共识，和谐发展。

量子通信与粒子纠缠

2016 年 8 月 16 日 1 时 40 分，世界首颗量子科学实验卫星“墨子号”在酒泉卫星发射中心发射升空。这将使中国在世界上首次实现卫星和地面之间的量子通信，构建天地一体化的量子保密通信与科学实验体系。

新华社说，“墨子号”将率先探索星地量子通信可能性，并将首次在空间尺度验证量子理论的真实性。

量子通信系统的问世将有助于建造“绝对安全”的通信系统。当前，量子通信的实用化和产业化已经成为各个大国争相追逐的目标。

目前，中国已经跻身于国际一流的量子信息研究行列，在城域量子通信技术方面也走在了世界前列，建设完成合肥、济南等规模化量子通信城域网，“京沪干线”大尺度光纤量子通信骨干网也即将竣工。

全球首颗量子科学实验卫星被命名为“墨子号”，缘起于已故著名教育家、中国科学技术大学老教授钱临照对《墨经》的研究，其中有不少与现代科学知识相通的记载，比如墨子在《墨经》中提出的“光学八条”。

墨家逻辑是全球三大古老逻辑体系之一，而逻辑体系是科学的基础。墨子在距今两千多年前就发现了光线沿直线传播，并设计了小孔成像实验，奠定了光通信、量子通信的基础。

量子纠缠的实验证实表明，西方科学曾经的主流世界观是有严重缺陷的。从笛卡儿、伽利略、牛顿以来，西方科学的主导世界观是，宇宙是一个巨大的机器，没有意识，没有目的，宇宙的组成部分相互独立，它们之间的相互作用受到时空的限制（局域化的），可以通过研究个体来认识整体，整体是个体之和。现代科学是实证科学。实证科学就是在这种世界观的前提下发展的，把物体分割成越来越小的个体，认为通过研究这些个体就可以认识整体。典型的例子是机械制造，一个机器的整体就是所有零件之和。实证科学甚至把人也当成像机器一样来处理，西医的“头痛医头，脚疼医脚”用的就是这种方法。

量子纠缠表明了宇宙是个不可分割的整体，物体在冥冥之中存在着联系，整体大于个体之和，这使得实证科学的基点是错误的。

量子通信核心是纠缠态，一端有个A，一端一定有一个对应的B，也许就是感应。

量子纠缠已经被世界上许多实验室证实，许多科学家认为量子纠缠的实验证实是近几十年来科学最重要的发现之一。虽然人们对其确切的含义目前还不太清楚，但是对哲学界、科学界和宗教界已经产生了深远的影响，对西方科学的主流世界观产生了重大的冲击。所谓的“量子纠缠”，是指两个粒子间的距离相隔无论多么遥远，一个粒子的行为立即会同时影响到另一个粒子的变化，它们似乎是互为一体的。

这种所谓的“纠缠”现象，被爱因斯坦戏称为“遥远地点间幽灵般的相互作用”。在量子力学中，有共同来源的两个微观粒子之间存在着某种一一对应的纠缠关系：不管它们被分开多远，对一个粒子扰动，另一个粒子立即就感应到了。

曾经有个故事，欧洲人占领美洲之后，这帮所谓先进的白人把一群反抗激烈的印第安人圈在一个类似悬崖处。这里可以实现自给自足，但无法离开。印第安人为了维持种族延续，开始族内通婚，他们建了两个小屋，小屋把男和女隔开，让人去猜里面住着谁，猜中的话，两个人就可以结婚了。这样的游戏做了上百次后，人们却惊讶地发现，明明看到两个人分别进了不同的小屋，但当打开小屋的时候，看到的却是两人在同一个屋子里。

这跟“薛定谔的猫”理论很相似。“薛定谔的猫”是由奥地利物理学家薛定谔于 1935 年提出的有关猫生死叠加的著名思想实验，是把微观领域的量子行为扩展到宏观世界的推演。这里必须要认识量子行为的一个现象：观测。微观物质有不同的存在形式，即粒子和波。通常，微观物质以波的叠加混沌态存在；一旦人的意识参与到观测行为中，它们立刻选择成为粒子。

一只猫被封在一个密室里，密室里有食物有毒药。毒药瓶上有一个锤子，锤子由一个电子开关控制，电子开关由放射性原子控制。如果原子核衰变，则放出阿尔法粒子，触动电子开关，锤子落下，砸碎毒药瓶，释放出里面的氰化物气体，猫必死无疑。原子核的衰变是随机事件，物理学家所能精确知道的只是半衰期——衰变一半所需要的时间。如果一种放射性元素的半衰期是一天，则过一天，该元素就少了一半，再过一天，就少了剩下的一半。物理学家却无法知道，它在什么时候衰变，上午，还是下午。当然，物理学家知道它在上午或下午衰变的概率——也就是猫在上午或者下午死亡的概率。

如果我们不揭开密室的盖子，根据我们在日常生活中的经验，可以认定，猫或者死，或者活。这是它的两种本征态。如果我们用薛定谔方程来描述薛定谔猫，则只能说，它处于一种活与不活的叠加态。我们只有在揭开盖子的一瞬间，才能确切地知道猫是死是活。此时，猫构成的波函数由叠加态立即收缩到某一个本征态。量子理论认为：如果没有揭开盖子，进行观察，我们永远也不知道猫是死是活，它将永远处于半死不活的叠加态，可这使微观不确定原理变成了宏观不确定原理。客观规律不以人的意志为转移，猫既活又死违背了逻辑思维。

阿尔伯特·爱因斯坦对于上帝的著名观点："上帝是不可捉摸的，但并无恶意。"以及"上帝不掷骰子。"当被问及他研究物理的动机时，爱因斯坦回应道："我想要知道上帝是如何创造世界的。我并不关心这种或那种现象，也不关心这种或那种元素的光谱。我想了解上帝的想法，其他都是细枝末节。"

意识是量子力学现象

意识是一种量子力学现象。为什么这么说呢？

比如你面前出现了一朵花，这时有种可能的状态：一个没有任何分别心的人，"对境无心"，看花不是花，此时他的意识处于自由的状态，他没看到花是不是红的，好不好看，他看它并不是花，他根本就不动念头。

这种境界在唐代张拙的诗中写道"一念不生全体现，六根才动被云遮”。

这个自由状态与刚才所说的量子力学的现象怎么可以比较呢？就是电子这些东西，在你没有测量的时候，它处处都存在，也处处不存在，一旦你测量，电子就有个固定状态出来了。

意识也是这样，如果你看到这朵花，一下子动念头了，动念头实质上就是作了测量。

你用鼻子作了测量发现是香的，你用眼睛进行测量发现是红色的且美丽的，你动意念去测量它，发现它很令人愉快。

于是这些测量的结果，也就是念头的结果，一下子使你产生了进一步的念头：这是一朵玫瑰花，就认出它来了。

人的意识的发动过程实际上是通过动念进行测量的，然后产生念头。这时候念头产生出来了，实质上是通过测量得出的几个我们制造出来的概念。这时意识不再自由，它突然坍塌到一个概念“玫瑰花”上。

因此是念头产生了“客观”，念头就是测量，客观世界是由一系列复杂念头造成的。

说得更深一步，《楞严经》讲“性觉必明，妄为明觉，本觉明妙，觉明为咎”，是什么意思呢？

整个物质世界的产生，实际上在意识形成之初，宇宙本体本来是清净本然的，一旦动了念头想去看它了，这念头就是一种测量，一下子就使这个“清净本然”变成一种确定的状态，这样就生成为物质世界了。《楞严经》最早、最清楚地把意识和测量的关系说出来。

科学家们现在已经开始认识到了，意识是种量子力学现象。

人的意识过去一直都没有搞清楚，包括中医经络学说讲的“气”，

“真气循环”。“气”用任何实验方法都没有找到。很可能意识或“真气”这种东西，实际上是量子力学现象，用经典物理学的电学、磁学及力学方法去测量，是测量不出来的。

量子力学现象的一个主要状态，就是刚才说的量子纠缠。

大脑中有海量电子，它们处于复杂的纠缠状态。意识就是大脑中这些处于纠缠状态的电子在周期性的坍缩中间产生出来的。这些电子不断坍缩又不断被大脑以某种方式使之重新处于纠缠态。这就是现在量子意识的一种基本观念。这个假说在解释大脑的功能方面已经开始有一些地位了，形成了量子意识现象的基础。

有科学家认为，人的意识不仅存在于大脑之中，也存在于宇宙之中，在宇宙的哪个地方不确定。量子纠缠告诉我们，一定有个地方存在着人的意识，这是量子纠缠的结论。

如果人的意识不光存在于大脑之中，也通过纠缠而存在于宇宙某处，那么在人死亡的时候，意识就可能离开你的身体，完全进入到宇宙中。那么人体的信息是不会消灭的，只会回到宇宙的某一处。它的状态与我们过去说的灵魂非常类似。

毫无疑问，物理学已经从任何事物都是“如露亦如电，应作如是观”这个方向上又靠近一步了。世界上可能存在着类似灵魂的东西，它在人生结束之后不死，只是回到宇宙中的某个地方去了。

无论是哲学、神经科学，还是人工智能领域的专家教授，都对意识和物质的关系进行了深入的探索与研究。在有些人看来，意识和物质则是可以相互转化的。比如毛泽东在《人的正确思想是从哪里来的？》一文中，便把物质和意识的这种相互转化概括成“物质可以变成精神，精神可以变成物质”。旧唯物主义者包括费尔巴哈在内，之所以不能把唯物主义贯彻到底，之所以在社会历史领域里仍然是唯心主义者，除社会历史和阶级的原因之外的对立只是在非常有限的范围内才有绝对的意义；他们不理解意识对物质的能动作用，不能把这种能动作用理解为革命的实践；不理解物质和意识之间可以相互转化，因而他们不能正确地理解有意识的人生活于其中的社会历史现象。

现在西方哲学界、科学界越来越多的人认识到，意识和质量、能量一样重要，是物质的一个根本特性，在微观粒子中就存在着意识。宇宙中的万事万物既有物质的一面，同时有精神（意识）的一面。量子纠缠可能就是微观粒子具有意识的证据。量子力学描述的是微观粒子的物质的一面，意识那一面是无法用量子力学描述的。

近些年来，智能一词已经受到很多学者的关注。人工智能更是目前非常时兴的领域。能够理解世间万物，却不能制造出有意识的机器人，这也是目前人工智能学界十分尴尬的一点。目前也没有一套定量的意识测量方法，来测量与建构非生物体的意识。这也是目前很多领域科学家与学者所致力于的方向。相信，在不远的未来，这种方法一定会成型并得到应用。那时，我们便可以说我们真正能够理解意识了，弄清楚意识和物质的关系了。

太赫兹

太赫兹也是波的一种。太赫兹是频率单位，$1THz=10^{12}Hz$，通常用于表示电磁波频率。太赫兹波是频率范围在0.1～10THz（波长为0.03~3mm）的电磁频谱，它介于毫米波与远红外光之间，是至今人类尚未充分认知和利用的频谱资源。

经过近十几年来的研究，国际科技界公认，太赫兹科学技术是一个非常重要的交叉前沿领域。由于太赫兹的频率很高（波长比微波小 1000 倍以上），所以其空间分辨率很高。又由于脉冲很短（飞秒），太赫兹辐射具有很高的时间分辨率。太赫兹成像技术及太赫兹波谱技术就构成了太赫兹应用的两个主要关键技术。另外，太赫兹的能量很小，不会对物质产生破坏作用，所以与 X 射线相比，它又有很大的优势。

太赫兹的独特性能给通信（宽带通信）、雷达、电子对抗、电磁武器、天文学、医学成像（无标记的基因检查、细胞水平的成像）、无损检测、安全检查（生化物的检查）、穿透反恐等领域带来了深远的影响。

尤其在国家安全、反恐方面的应用，有着独特的优势。利用太赫兹可以穿透物质的特性，英国首先研制了太赫兹摄像机并且已在机场安全检查方面进行试用，效果很好。特别重要的是美国橡树岭国家实验室（ORNL）和田纳西大学合作，开展“穿墙计划”（Through Wall Program），利用太赫兹成像技术从外部获得墙内信息。显然，这项穿墙技术在国家安全方面有很重要的价值。此外，利用太赫兹波谱可以快速、有效地检查和识别毒品，美国已开展用太赫兹谱技术检查邮件等项目，包括太赫兹化学和生物制品的检测。

太赫兹科学不仅是科学技术发展中的重要基础性问题，也是国家新一代信息产业、国家安全以及基础科学发展的重大需求，对国民经济及国防建设具有重大的意义。

太赫兹技术被美国评为“改变未来世界的十大技术”之四，被日本列为“国家支柱十大重点战略目标”之首。太赫兹科学技术也将是后摩尔时代信息技术发展的重要支撑，它有着非常重要的学术和应用价值（有的已处于实用阶段），使得全世界各国都给予极大的关注。美国、欧州和日本尤为重视。

在美国，有数十所大学都在从事太赫兹的研究工作，特别是美国重要的国家实验室，都在开展太赫兹科学技术的研究工作。美国国家基金会（NSF）、国家航天局（NASA）、能源部（DOE）和国家卫生学会（NIH）等从20世纪90年代中期开始对太赫兹科技研究进行大规模的投入。

在英国的Rutherford国家实验室和剑桥大学、利兹大学、Strathclyde等十几所大学，德国的若干所大学，都积极开展太赫兹研究工作。欧洲国家还利用欧盟的资金组织了跨国家的多学科参与的大型合作研究项目。在俄国国家科学院专门设立了一个THz研究计划，IAP、IGP及一些大学也都在积极开展太赫兹研究工作。

在亚洲的一些国家（地区），韩国国立汉城大学、浦项科技大学、国立新加坡大学、中国台湾大学、中国台湾“清华大学”等都积极开展太赫兹研究工作，并发表了不少有分量的论文。日本于2005年1月8日公布了日本国十年科技战略规划，提出十项重大关键技术，将太赫兹列为首位。东京大学、京都大学、大阪大学、东北大学、福井大学以及各公司都大力开展THz的研究与开发工作。

近年来，太赫兹技术已经在能源、传输、检测等方面取得了很大的进展，特别是辐射源水平和应用水平明显提高，在通信、雷达、波谱学等应用方面已经取得了多项标志性成果。

中国对太赫兹的研究比较晚，刚刚起步。多年来，我们公司一直致力于超高频的研发与业务拓展，已经深刻认识到太赫兹科学技术必然是未来科技发展的方向以及对国家安全战略的意义，同时在与欧美企业密切合作时，我们也具备了开展太赫兹研发的实力。基于此，我们把太赫兹的研发作为重点攻关并取得重要成果。据检索，我们（华讯方舟）所主导的深圳市太赫兹科技创新研究院是唯一实现用三种不同方式获得太赫兹源的机构。并且，均已研发出相对应的产品及应用。在这个领域，技术上我们与美国等发达国家处在同一起跑线，某些方面甚至还超越它们。但在发展趋势上，特别是在重视程度和应用引领上，我们都要落后于它们。

引力波

2016 年 2 月 11 日，LIGO 项目组宣布首次发现引力波，整整一百年前爱因斯坦关于引力波的预言最终被证实。从那时起，科学界认为一扇新的大门已经开启，随着更多数据被分析出来，更多的引力波，甚至更新的物理现象将会被发现。

果然，不到半年之后，该项目组再次宣布，科学家第二次观测到引力波。2016 年 6 月 15 日，在美国圣地亚哥召开的美国天文学会第 228 次会议上，美国激光干涉引力波天文台（LIGO）项目组和来自欧洲的 Virgo 项目组联合宣布，科学家们再次探测到引力波。

引力波同时携带两个重信息，一是有关其信号源头，二是关于重力的本质。物理学家们已经确定这次所观测到的引力波是两个黑洞在合并时所产生的。它们的质量分别是太阳的 8 倍和 14 倍，在合并之后，产生的是一个质量为太阳 21 倍的黑洞。

对于引力波的第一次成功观测是物理学与天文学史上的一次具有里程碑意义的发现，印证了 1915 年由爱因斯坦提出的广义相对论对于引力波存在的假设，并开启了新的天文学领域——引力波天文学。

第二次成功观测则意味着科学家们可以将引力波监测仪纳入常规监测系统中，在开始监测的四个月之内就有了两次成功的监测记录，相信未来科学家们将更多地监测到引力波信号。LIGO 使得天文学家可以真正“看”到宇宙中发生的重大事件。

引力波的发现是革命性的。引力波的发现开启了一个新纪元，最大化地扩大人类的视野，让人们跳出地球之外，审视宇宙。

平衡体被打破的可能

相信人类发展能找到自我平衡的方式，人类最终灭亡就是平衡体被打破，被打破有三个途径：

一是人类之间，彼此的文明冲突没有办法弥合，就会被打破。比如 ISIS（伊斯兰国）。ISIS 是一个自称建国的活跃在伊拉克和叙利亚的极端恐怖组织。2003 年以前以“基地”组织伊拉克分支的名义开展活动。全球有一个共识，违背人性的文明都是要消灭的文明。我们生活在这个地球上，都是作为人而存在的，但是如果维护不了人性的文明，那就是人类的公敌。ISIS 之所以走到今天，是在漫长的发展过程当中，有不同的文明冲突导致这些教徒没有立身之地了，只有牺牲人性来换取其自身的存在，矛盾已经到了这个程度。

二是放任科技自流，而不是管理科技自流，到最后真的有大数据出现，出现了机器人的运用，在后台我们又控制不住了。此前，数十位科学家、企业家及与人工智能领域有关的投资者曾联名发出一封公开信，警告人们必须更多地注意人工智能的安全性及其社会效益。参加联署的人中包括著名的物理学家霍金。霍金认为：“完备人工智能的发展可能导致人类灭亡。”一旦诞生了真正的人工智能，它“将开始自主迅速发展，并以越来越快的速度重新设计自己。受限于缓慢生物进化的人类无法与之竞争，将被取代”。有科学家表示，不受控制的人工智能“可能比核武器更危险”。

三是宇宙平衡体被打破。在浩瀚的宇宙之中，我们的地球只是其中的一个球体而已，为什么我们能绕着太阳转，为什么我们能够自转，都是相互的波在起作用。如果有一天，我们这个宇宙间的波被打破了，宇宙平衡体就被打破了。

对于这三种方式，我觉得人类都有可能灭亡。但是在现阶段，我觉得人之所以活着的意义，在于活着的过程中，都在努力地探索和解决问题。

第二章

让中国人看到全世界

CHAPTER 2

华讯方舟　真我风采

华夏春秋八千载，讯通天地博无限；

方振精卫愚公志，舟行四海山河拜！

真弋铁马虎符在，我心芳菲烽火台；

风潇御虏乾坤埋，采铭自强屹未来！

二〇一〇年六月

本章主要讲文明的表现形式：产业。

产业是强国之基、兴国之本。一个国家的强盛与健全的产业体系密切相关。我国是大国经济，具备构建完整产业体系的市场空间和条件，只要继续奉行改革开放政策，必然会引领世界经济发展。虽然我们乐观，但我们必须承认中国与美国相比，差距还很大。如果从信息层面讲，就在于我们对全球信息把控能力还有太大的差距。

我们这代人应该做到让全人类看得见全世界，直到看得见每个人自己。对中国而言，就是让中国人看得见全世界。要实现这个目标，就是要实现每个人都能自由平等地获取全球的不同信息，显然空间通信是接近该目标的有效手段之一。

01 / 中国经济的变与不变

“供给侧改革”最近被热议，我认为供给侧改革的关键在供和需之间的流通领域，而流通领域的关键在管控领域，管控领域的关键在意识领域。以通信行业为例，全世界大部分国家，商用卫星的应用都开放了市场，我们呼吁中国也尽早开放这个市场。一方面，这是具体的供给侧改革，用新科技带来新供给；另一方面，增强人们平等获取信息的权利，对实现中国梦、实现中华民族的伟大复兴，以及中国的崛起都会起到积极作用。

做企业要看经济大势

在中国做企业就要会看中国的经济大势，经济大势一般具有周期性，而经济周期是有规律的，从 1992 年邓小平南方视察开始，我们基本上经历了四次大的周期，两次上升、两次下降。第一次上升是 1992—1997 年，我们的经济上升非常非常快。1997—2003 年我们的经济处于下行，而且是一个空缩的状态。如果大家有记忆的话，那一段时间也是我们国家经济非常困难的时期。2004—2012 年这段时间，是我们经济飞速发展的时间，是有史以来我们经济增长速度最快的几年，得益于外部条件改善，得益于我们工业化往上冲。所以在那个时候流行一句话，“只要站在风口上，猪也能飞起来”，便是告诉人们要懂得顺势而为。经过 30 多年的经济高速发展之后，中国已经成为世界第二大经济体。这 30 年是市场经济蓬勃发展的 30 年，也是企业家才能得以发挥的 30 年。

中国的经济发展到今天取得巨大成就的同时也面临很多问题，总体的趋势就是经济走高位下行，标志就是 2008 年全球的金融危机，出口受到了极大的影响，而我们的大部分企业都是出口导向型的，2008 年前后过得比较艰难。中国政府 2009 年、2010 年的“四万亿”政策有效地拉动了内需，但是复苏的基础并不扎实，好日子并不持久。

早些年像农村包产到户、邓小平 1992 年南方讲话、2000 年之后加入 WTO，这些都是改革带来的红利，现在这些红利是越来越少。以前具有一定的成本优势，劳动力廉价，再加上中国人非常善于学习，大体从 20 世纪 90 年代中期开始，中国经济在世界经济舞台上显示了国际竞争力。

大多数企业家是乘着改革的春风发展起来的，新一届政府提出让市场在资源配置中起决定性作用，全面深化改革，通过改革来切实解决社会问题，实现发展。

除了全球经济不景气，新技术对传统行业也造成了巨大的冲击，一系列传统行业和商业模式面临着全新竞争、彻底改造甚至全面颠覆，像移动互联网、云计算、大数据、物联网、虚拟现实、新能源、新材料、基因技术、人工智能新技术正在改造和重构经济与商业。这是一个挑战和机遇并存的时代。

经济有上升就有下行，这是市场规律。在出口下跌的同时成本迅速抬升，现在印度、越南都加入了全球竞争，我们的成本优势已经不显著了。成本上升，债务的压力也加大，再加上产能过剩，基本上压垮了一大批企业。

但也要看到，危机里面隐藏着机会，不要被所谓的过剩产能吓着。我们的很多产品不是没有市场，而是产品的质量不如外国好。媒体报道很多中国人都去日本买马桶盖，这是因为国内经济经过高速增长，已经形成了具有购买力的中产阶级，他们对产品的品质提出了更高的要求。所以，我们的产品在质量上有提升的空间；中产阶级也提出了便利性要求，这需要服务业来解决。所以，服务业也有提升的空间。

总而言之，中国与发达国家平均收入差距还很大。在新的全球格局中，中国可开拓新市场的潜力巨大。中国开放所累计的人力资本、先行经验，还有释放和放大的余地。只要我们的外向经济出现升级，也一定能支持经济转型。

凝聚动力发展经济

中国经济增长的新动能在哪里？这里要说明的道理是，要凝聚动力，什么是动力，就是人们最需要的。就中国而言，我们要建设一个符合人性最大公约数发展的社会秩序，建立完善的市场经济法治，建设一个有信仰、有尊严的社会。如此，最大化地激发出人的内在动力，让积极性与创造力迸发，才能创造出经济发展的新动能。就如在战争年代，我们凭借着“打土豪，分田地”，凝聚了这个国家绝大多数吃不饱饭人的力量；在改革开放初期，我们凭借“先富带后富，实现共同富裕”，凝聚了这个国家尚不富裕人的动力。所以，今天如何凝聚好我们这个族群的最大动力，整合好我们这个国家的最大资源，是中国能否依然保持快速增长的关键所在。

李克强总理提出“大众创业、万众创新”。通过“双创”，中国的经济结构也在向着更好的方向变化。2016 年前三季度，全国新登记企业 401 万户，同比增长 27%；每天新登记企业 1.46 万户，明显高于 2015 年每天的 1.2 万户和 2014 年的 1 万户，均创历年新高。其中第三产业占新登记企业总数的 81.1%。教育、文化体育和娱乐业、科学研究和技术服务业、信息传输软件和信息技术服务业企业快速增长。

我理解总理提出的“大众创业、万众创新”是经济增长很好的引擎。同时也应注意到，并非所有的人都适合创业。政府应该在创业环境的改善上下功夫。例如，造就扶持创新发展的体制机制，加强顶层设计；保护知识产权，建立诚信经营、公平竞争的市场环境；落实完善鼓励创业创新的税费减免、小额担保贷款、资金补贴、土地安排等扶持政策，等等。

近年来世界各个角落仍时不时有一些关于中国经济恶化的消极舆论冒出。与舆论悲观主义完全相反，从民众到政府，从国际到国内，各方面因素支撑中国经济长期平稳与向好的基本面没有发生动摇，而这些“不变”是保持中国经济长期保持中高速增长的关键。第一，中国人民的向上心态没有变。改革开放初期号召的“勤劳致富”，优秀企业家成为全社会的学习榜样，使得努力拼搏、奋斗成功变成了社会心态的主流，也成为中国未来增长的不熄引擎。第二，中国经济的转型升级之势没有变。2015 年中国城镇化率达到 56.1%，远未达到欧美发达国家约 80% 的平均水平，随着新一轮城镇化的加速推进，将为经济增长创造新的消费和投资需求。第三，中国改革开放的政策余量没有变。改革开放是中国经济增长的最大红利。党的十八大以来，保持改革开放和克服下行压力的战略决心并没有发生动摇，而通过进一步改革开放释放活力，促进经济长期稳定发展。

全球依旧是大舞台，要学会去新兴市场攻城略地，像华为那样走出去。国家正在推进“一带一路”战略，我们要借助这一大势，做好开拓新兴市场的排头兵。华讯方舟在卫星通信领域深耕多年，在技术和市场方面都有着先发优势，我们正在把这种优势和国家战略紧密联系起来，成为真正的“一带一路信息互联先行者”。

当然，做好产品的同时，还要继续加强创新。未来的产品成本还会上升，如果再没有独创性优势，就会遭到印度、越南、东盟国家的挑战。企业要好好练内功，毛巾拧水出成本，要向华为学习，把流程改造做到世界一流水平。

周其仁教授曾经讲过，“你要么成本领先，要么与众不同”，真能与众不同，成本上差一点也没关系。如果还没有与众不同的能力，就要把重点放在成本的控制上。如果既不能成本领先，也不能与众不同，那就要与这个伟大的经济时代告别了。

目前各国都出台大量技术创新的刺激政策，如德国的工业 4.0、美国的工业互联网，以及“两化融合”、“中国制造 2025”等。相比之下，中国在加快推动重点产业智能化、高端化、低碳化的经济发展方面具有巨大的后发优势。中国不少省份信息经济核心产业实现增加值年均增长高于 GDP 增长，微商、电子商务、物联网、云计算、大数据等互联网新业态快速发展，形成中国未来发展的独特竞争优势。中国依托信息经济、分享经济等的黏合剂、催化剂作用，将推动传统产业实现升级与转型，实现实体经济的“腾笼换鸟”和“凤凰涅槃”，最终在新一轮科技革命和产业变革中抢占全球先机。

坚持市场经济的法治精神

两百多年前，英国经济学家亚当·斯密提出了一个令人震惊的理论，他认为如果要发展经济，政府能做的其实非常简单，就是什么都别做，什么都别管。因为市场本身就是一只“看不见的手”，它能够默默地将供应和需求调节到一种平衡的状态。政府动用公权力介入反而会阻碍经济的发展。

他那本提出了“无形之手”的著作就是后来被称为西方经济学圣经的《国富论》。相比西方，谁能够想象 30 多年之前，中国人都不知道什么是市场。那个时候的人们还生活在计划经济的体制内，吃多少用多少都是国家规定好的，工作干多干少也都是一个样。

1978 年的时候，中国的人均 GDP 仅仅为 155 美元，这是什么概念呢？只有世界平均水平的 9.1%之多，而城镇失业率更是高达 19%。社会变革的动机总是来自生存所面临的危机，中国的市场经济改革就是从那一年开始的。

1978 年之后，中国经济开始转轨，逐步建立起市场经济。从计划经济逐渐走向市场经济的过程中，20 世纪 80 年代主要是小步私有化，大步市场化，集中表现在乡镇企业的发展；80 年代后期和 90 年代，大量集体所有制乡镇企业改制，变成了私人企业，尽管中间有反复，但总体上仍是市场化推进的过程。

中国搞市场经济几十年，市场经济的推进程度在不同领域差异很大。从国内来看，中国在竞争性领域、在价格方面放得很开，在一些不该完全市场化的领域（如教育、医疗）曾经搞市场化过了头，但在国有经济、政府干预方面，非市场化特点还十分浓厚。

不过，可以肯定的是，由于市场经济在中国的确立，改革开放 30 多年来中国经济取得有目共睹的成就。随着市场机制的逐步建立，国家也向企业放权让利，企业家的才能得到了充分发挥，诞生了一大批优秀的企业家，比如华为的任正非、联想的柳传志、海尔的张瑞敏、吉利汽车的李书福、蒙牛的牛根生、TCL 的李东升、BAT 的李彦宏、马云、马化腾等，其中大部分是民营企业家，很多在国际上都享有很高的声誉。

改革开放前，私人办公司是不被允许的。从党的十一届三中全会到 1991 年，个体、私营经济虽然在不断地壮大，但其法律地位不明确，在政治层面上，仍属于弱势群体，有很大的不确定性。有的企业挂靠在政府下面，产生了很多乡镇企业，从被看作“资本主义”的洪水猛兽，到被戴上“民营企业家创业”的桂冠，满打满算也只不过 30 年。

根据全国工商联的数据，中国的民营经济占 GDP 超过 60%，占非农就业的 80%，税收的 50%左右，这是改革前无论如何也不能想象的，民营经济对国民经济发展做出了重要贡献。

“计划经济不等于社会主义，资本主义也有计划；市场经济不等于资本主义，社会主义也有市场。计划多一点还是市场多一点，不是社会主义与资本主义的本质区别，计划和市场都是经济手段。” 邓小平当年在深圳讲的这段话把很多人心里的负担消除了，中国企业家里面有所谓的“92派”，像黄怒波、陈东升、郭广昌等。党的十八届三中全会提出要全面深化改革，使市场在资源配置中起决定性作用，这给我们做企业的吃了一颗定心丸。

市场经济大大地解放了生产力，但是市场经济的运行离不开法治的保障。1993年中国将社会主义市场经济写入宪法，2005年发布“非公经济36条”，民营经济法律地位的确立解决了我们的很多后顾之忧。党的十八届四中全会强调把法治作为治国理政的基本方式，党的十八届五中全会明确要求把经济社会发展纳入法治轨道。在法律确定民营企业平等地位的前提下要做好落实工作，“国进民退”成为近些年来热门的话题，说明虽然名义上合法了，但在实际操作中还有一些问题需要解决。

经济特区“先行一步”的政策优势给予深圳更多的可能，深圳能够有今天的成就，是市场经济得到极大发展的成果，也取决于国家正确的方针政策。被证明可以促进生产和改善人民生活的政策，我们要在法律的框架内给予承认，对于阻碍市场经济运行的一些政策我们要有勇气改革，这样才能实现经济的进一步增长。

中国经济增长取得了令人瞩目的成就，我们实现了6亿人脱贫，13亿人的生活得到了极大的改善，中国国力和影响力也得到了极大的提升。改革激发了中国人掌握知识的诱因，而开放则降低了中国人的学习成本。早已存在的要素成本优势、改革开放显著降低制度费用以及中国人力资本的迅速积储，共同成就了中国经济的竞争力，使得这个有着悠久文明历史的最大的发展中国家，有机会成为全球增长最快的经济。

改革开放开启了中国经济增长之路，但改革开放并未结束。无论是产权的重新界定、企业家职能的发挥、市场经济框架的完善，还是国家权力的约束与规范方面，中国还有一些未完成的议题。

习近平总书记指出，发展是目的，改革是动力，法治是保障。中央《关于全面推进依法治国若干重大问题的决定》明确指出，社会主义市场经济本质上是法治经济。政协委员朱征夫先生在《市场经济呼唤依法治国》中热情洋溢地说道：

首先，只有法治才能保护好财产权。财产私有制虽然被认为是人类不平等的起源，但它也是人类创新和社会进步的原动力。财产是物质基础，一个人拥有自己独立的财产，然后才能拥有自己独立的人格，以及独立的思想和意志。所以我们不仅要保护合法财产权，也要保护合法追求财产的权利。必须依靠法治来保护财产权。

其次，只有法治才能保护好企业家的人身安全。法治是良法之治，调节经济生活的良法，必须尊重市场经济的规律，必须平衡各市场主体之间的利益，必须保护企业家的基本安全。企业家是生产力要素的组织者，本身也是最重要的生产要素，成功的企业家需要不断地冒险与创新。法治的任务，就是通过制定良法，约束公权力，为企业家创造一个自由、宽松、安全的法律环境。

再次，只有法治才能维护契约精神。契约精神，是自由、平等、合作、诚信的精神。自由地选择合作伙伴，自由地约定合作事项；平等的谈判地位，平等的合作条件；在合作中实现共赢互利，在合作中追求交换正义；诚实地表达契约意志，严格地信守合同约定。契约精神是组合和维系生产要素的纽带，是市场经济的基石。所以我们只能依靠法治，只有法治才能解决权力专横的问题，只有法治才能让违约和背叛契约精神的市场参与者受到惩罚，付出代价。在这里，法治精神与契约精神是高度一致的。

最后，只有法治才能划定公权的边界。公权力的范围在于法律的授权，即所谓法无授权不可行。就像律师的代理权限要看当事人的授权委托书一样，法律就是人民对国家机关的授权委托书。中国的法治既要坚持党的领导，又要通过科学立法，全民守法，尤其是执政党、政府和司法机关的守法，把权力的行使严格限制在“授权委托”的范围内，尊重市场看不见的手，让权力回归权力，把市场还给市场。

我们有理由相信，中国只要坚持改革开放以来被实践证明做对了的事情，继续推进尚未完成的改革事项，坚持市场经济的法治精神，我们一定能够在未来取得更大的成就。

民营企业家应走向贵族

很多西方学者会把中国经济发展的模式归结为政府主导下的经济模式。但我认为，作为一家公司，特别是民营企业，单纯靠资源垄断与政策支持是不可能长久的。未来的公司一定具有开放性、包容性、共创性。

对民营经济所面临的问题，解决的方向很清晰，就是消除国有企业因与政府合作所带来的不公平竞争。

民营企业家自身也需要反思，一是要重视人才，建立股东与职业经理人之间的良好秩序。在中国民营企业的快速成长过程中，除了融资难，人才问题其实也是一个重要问题，却往往容易被忽视。因为不少民营企业认为只要我有足够的资金和比较好的管理制度，人才不是问题，总是可以从市场上找到的，最简单的就是从同行业中挖人才。很多民营企业家在感觉经营管理吃力时会想到引进空降部队。事实证明，这种想法是危险的，空降兵的成功概率非常低。这里的原因很多，比如：民营企业家对空降兵寄予过高的希望，希望他能够在短期内扭转局面。通常这是不现实的，职业经理人需要对企业有一个适应过程，如果一上来就大刀阔斧地调整，可能针对性不强，通常只是把别的企业的经验搬过来，但对是否适合本企业并未做深入分析。即使这种调整是对的，往往也要有一个阵痛时期。在这个整合阶段，企业的业绩可能会受影响，职业经理人很难做到业务的高成长与企业经营管理的彻底重组同时并重。只能是先选择重组，因为没有重组就没有高成长，但这也需要一个过程。很多民营企业家无法承受这一过程，于是纷纷重新走到前台，将职业经理人挂起来或炒掉。

二是要抛弃让人讨厌的土豪气质，带头树立中国贵族精神。目前，很多民营企业一旦企业做大了，企业有了钱就开始任性，社会承担感锐减。而企业家一旦成了“土豪”，就缺少了追求的目标，过上奢侈糜烂的生活，游离在法律边缘。中国的民营企业一定要有担当，企业家也要改变土豪的形象，走向贵族。只有拥有贵族精神，企业与企业家才能受到社会的尊重，才能为社会的发展做出应有的贡献。贵族精神不是暴发户精神，并不是说一朝有钱就成了贵族；贵族精神从不与平民精神对立，更不意味着养尊处优的生活，而是一种以荣誉、责任、勇气及自律等一系列价值为核心的先锋精神。

全世界只有英国还保留着贵族阶层的世袭制，时至今日，英国贵族的一些生活方式还沿袭着过去的陈规。英国贵族阶层更多的是在延续他们的传统：责任、教养和自由，以此来赢得普通人的认可。而普通人也以此种贵族制度为骄傲，认为“贵族”代表一种尊严和高超的品性。贵族并非权钱所赐，贵族意味着责任和担当，他们珍惜荣誉，并以此赢得普通民众的信任。贵族在战争中冲锋在前，在一战中，担任军职的英国世袭贵族的死亡率为 20%，高出普通士兵两倍。

在投机时代，很多民营企业家都转变成土包式人物，追求物质享受，不再具有勤奋拼搏的精神。但在当今智力竞争时代，民营企业家必须树立贵族精神，才能成为受尊重的主力。中国民营企业家走向贵族还任重道远，但这条路必须走。

解题产能过剩

现在全球经济愁云惨淡，其中，产能过剩是一个迫切需要解决的问题。

其实在中国，产能过剩并不是新常态下的新问题，而是老生常谈的话题。从 20 世纪 90 年代末至今，中国先后有四次较为严重的大面积产能过剩。相对于 2000 年和 2009 年金融危机重创下的“周期性产能过剩”，以及 2003—2004 年和 2005—2006 年经济过热下的产能过剩，新常态下产能过剩产生的背景及历史和现实原因更为复杂，面临的挑战和压力也更加巨大。

世界经济发展就是一个文明发展的缩影，为什么今天全世界经济都处在产能过剩时代？这是海洋文明之后的必然趋势。海洋文明直接产生世界经济的全球化，是发达国家对发展中国家的输出。发达国家的文明表现、发展方式，包括政治的模式，向发展中国家倾销、输出，输送自己的价值观，同时保护自己的利益，这个模式目前已经到了临界点。

当然全世界现在也认识到“调结构、促发展”，其实就是改变经济发展模式，这又回到科技和文明的关系。科技的发展，最终一定会产生新的发展模式。

中美共赢

中美两国，一个是世界上最大的发展中国家，另一个是世界上最发达的国家。如果说全球是一家公司的话，中国和美国则是这家公司两个最主要的股东。中美两国的关系，直接影响到世界经济的发展。改革开放 30 多年来中美之间合作大于竞争，但问题与冲突同样存在。由于两国处于不同的经济发展阶段，随着经济全球化的深入，两国之间的经济关系具有很强的互利性和互补性。

同时，在互相竞争中，又存在着各种各样的摩擦。经贸是国家间关系的晴雨表。中美在经贸中存在的摩擦主要表现在以下三个方面：贸易差额、人民币汇率、知识产权保护。

中国向美国的出口产品以劳动密集型产品为主，附加值低，满足了美国一般消费者的需要。而美国向中国的出口产品应该以资本与技术密集型产品为主。但美国把经贸政治化，以安全为由拒绝向中国出口高新技术。美国的高新技术处于世界领先地位，技术产品在美国对外出口中也占有举足轻重的地位；而处于现代化进程中的中国，对技术产品的需求不断扩大。美国的这种经贸限制，严重影响了贸易的互补性，导致贸易差额进一步扩大。在美国，有些人认为中国的汇率政策加重了美国国内失业问题。中国现在已实行人民币汇率浮动的机制，只是过程比较缓慢，但这是基于中国的实际发展情况。中国在产权保护方面也取得了非常大的进步。

在相互依存的世界里，在经济全球化的世界里，摩擦是正常的，也是无法避免的，这并不可怕。中美经常性的经贸摩擦，反映了两国经济关系的密切。中美经济对双方的重要性与日俱增。贸易中产生的问题，双方只有理性面对，在经常性的协调和合作机制中，通过平等协商的办法加以妥善处理。从中美贸易摩擦来看，都是因为中美双方的意识形态不同、国情不同、相互不了解、不信任等原因引起的。中美双方都应该摆正心态，采取合作、尊重的态度，才能更切实地找到两国利益的平衡点，才能达到双赢。

为了改善中美贸易关系，消除贸易摩擦，我们要继续深化经济体制改革，完善市场经济运作方式，使中国最终成为一个真正的市场经济体。中国还应该在政治、经济、社会和文化等诸多方面对美国进行深入而全面的了解。

比如，从科技实力这个层面来说，中国和美国还存在较大差距。迄今为止，美国的大学会集了全球70%以上的诺贝尔奖获得者。在全球最顶尖的20所大学中，按科学贡献度计算，美国占了17所（清华大学大约排名在600名），从麻省理工到加州理工，培养了全世界最好的工程师和最顶尖的科学家。全球十大科技顶尖公司中，美国占据了八家。英特尔向全世界提供芯片，微软公司和甲骨文公司占据了软件业的基础市场（从百度到腾讯到中国各个政府部门，都使用甲骨文提供的数据库软件和技术）。美国在军工领域，在航空航天领域，在医学技术领域，在信息科学领域拥有全球最顶尖的实验室。因此，我们要学习美国的创新精神、创新机制和创新能力。

当前中美关系处于重要的调整阶段，双方需要通过增加相互理解和人民往来，促进彼此相互靠近。中美之间已经建立了广泛关系，有越来越多的美国人来到中国，在这里找到工作，居住生活。中美两国之间的巨大合作与交流说明我们彼此相互吸引，一些误解也许会在相互更加了解之后逐渐发生变化。

总之，在经济全球化的今天，国与国之间的联系日益紧密，只有求同存异，加强合作，才能实现共赢。

华为印象

中国目前只有一个华为，在中国，我个人最钦佩的企业也只是华为。华为是一种特殊体制下，特殊的市场环境下造就的特殊企业。它依托这种特殊环境又走向了世界。

在大部分民营企业没有使命感，没有担当，还停留在投机和赚钱为目的的时代，华为高擎为中华而为的使命大旗，依靠专注和全球化，成为一家伟大的企业。这其中，不但传承发扬和变革的华为文化，也始终是其精神领域的内在动力。

华为文化反映了任前辈雷厉风行的性格和军事化的作风。强烈的危机意识，使任前辈早期的管理理念中略带"血腥"，他认为做企业就需要狼的精神。"因为狼有让自己活下去的三大特性：一是敏锐的嗅觉；二是不屈不挠、奋不顾身的进攻精神；三是群体奋斗的意识。"这种凶悍的企业文化，使华为不仅在中国内地赢得成功，甚至在国际化初期也一度令跨国巨头寝食难安。

在创业初期，华为管理的军事化色彩异常突出。据说每个员工的桌子底下都放有一张垫子，就像部队的行军床，供员工午休和晚上加班时休息用。这种做法后来被华为人称作“垫子文化”。华为还以严明的纪律著称。有一次华为在深圳体育馆召开一场 6000 人大会，要求保持会场安静和整洁。历时 4 个小时，没有响一声手机。散会后，会场的地上没有留下一片儿纸。

华为的军事化管理还反映在其对外界和传媒的刻意低调。相当长的一段时期，没有一家媒体正面采访过任前辈。刻意的低调使华为的员工精神高度紧张，不敢与外界透露任何信息。华为的军事化管理，使整个企业充满危机感和防范心理，员工的精神状态处于高度紧张之中。

为了维护自身文化，华为还采用了“文化洗脑”方式。华为招聘大学毕业生，他们要过的第一关就是“文化洗脑”。华为甚至这样教育新员工：为了市场销售额的增长所做的一切事情都是正常的，包括对对手的“不择手段”。华为的这种文化曾经与万科的人文主义形成了鲜明的对照。

对于“文化洗脑”，任前辈的解释是，华为大部分员工受过高等教育，容易形成自己的思想和见解。如果认识不统一，就可能产生许多错误的导向，产生管理上的矛盾。所以他强调，既然文化可以灌输，个性就可以改造。在强力推行集体主义的同时，任前辈以身作则，不设专车，与普通员工在食堂一同就餐，他与员工的关系如同战场上的官兵。

靠着这种封闭、强制统一的管理风格，华为赢得了创业期的辉煌，华为文化甚至还被推崇为中国企业文化的典范。而此一阶段的华为，在管理上并没有与国际接轨，其文化表现出强烈的中国文化色彩。

华为的成长史，就是一部催人向上的奋斗史。华为率先垂范，给中国企业辟出了一条全球化之路。在大环境相当不景气的情况下，2016年上半年，华为销售收入达到创纪录的1759亿元，逆向增长30%，其中海外业务收入占比2/3。

任前辈曾说："我们不尽快使产品全球覆盖，其实就是投资的浪费、机会的丧失。""我们总不能等到没有问题时才去进攻，而是要在海外市场的搏击中，熟悉市场，赢得市场，培养和造就干部队伍。我们现在还十分危险，完全不具备这种能力。若三至五年之内建立不起国际化的队伍，那么中国市场一旦饱和，我们将坐以待毙。"

华为在国内的竞争中，以"开放、进取"的姿态，"像海绵一样"虚心吸取世界先进的研发机制、营销方法、管理手段和竞争规则。在人力资源管理方面戴上"美国帽"，在产品开发管理和供应链管理方面穿上"美国鞋"，在生产和品质管理方面装上"德国芯"，通过不断的管理变革，逐步构建起了以客户为中心、以市场为驱动的端到端流程型组织。这些全球一致的商业逻辑和管理精髓，为逐鹿天下夯实了基础。华为从不像互联网新贵们如此专注于只接中国的"地气"。因为任前辈心里清楚，与国际一流对手在全球市场上拼杀，是中国企业走向世界级的必由之路。

近30年来，互联网和全球化，已深刻影响到了我们的思维方式、组织形态、文化和行为方式，并给我们的商业模式和教育模式带来很大的冲击。华为的变革意识非常强，任前辈认为：华为公司的最低目标是活下去，最高目标还是活下去。当公司做大，未必等于做强。即使做大，做强了，照样充满危机。所以，变革才成为全球范围内各类组织过去20年喊得最响的一个口号。华为设有一个变革委员会，专门研究华为怎么开展组织变革。

华为的全球化扩张有三个核心特征。一是主动接纳和融入由西方人所主导的全球商业秩序，在管理制度和流程方面“全面西化”；二是法律遵从，严格遵守所在国法律，并将美国法律视为国际法；三是文化遵从，从语言、习俗、宗教乃至生活习惯等方面主动适应和融入所在国家或地区。

华为的全球化理念是坚持不结盟主义，不与任何行业巨头建立所谓的联合阵线与排他体系，因为在华为看来，结盟是反开放的，是在为自己制造更多的对手；任正非的观点是，左手打微软的伞，右手打思科的伞，没有永远的敌人和永远的朋友，华为要奉行合作主义；华为在公司内部推崇的准则是，欧洲企业在中国市场的发展代表着华为的诉求；华为有责任、有意愿、有能力与西方公司共同建立全球的商业生态平衡。

我们华讯方舟选择的行业也是天然全球化的行业。理论上，所有卫星公司都是天然的全球化公司。全球化公司的最大特征是，它所服务的对象具有人性的最大公约数。但就管理的内涵而言，我们离全球化的公司还很远，还要不断地向华为学习。

华为为什么成功，我的另外一种理解是“专注”。华为始终能坚守在一个方向上。不忘初心，坚守自己内心，人的一辈子做不了几件事，做一件事都未必能做好，更何况做几件事。专注成就了华为的伟大。这也是我们一直要学习的，我们专注于空间通信，让带宽像空气一样弥漫整个世界，让信息在全球每个角落都能自由安全畅通，让人们享有平等的信息权。

这个社会的发展靠人类文明的推进，人类文明的推进最重要的是靠生产力来推进。什么是生产力，钱是生产力吗？钱并不是，但是我们社会发展到今天，在以对钱和权力追求为目的的情况下，什么最赚钱就去做什么，那自然不是在发展生产力，只是简单地赚钱。很多年前，我曾说过，读了《资本论》十遍，感觉钱是随手拈来的。华为今天的成功，证明了以生产力为目的的发展，赚钱只是附加值，亦如世界首富之所以成为世界首富，一定是他的产品与服务最大化地满足了其服务对象的公约数。

02 / 以洪荒之力发展制造业

人类走到今天已经证明，如果不发展制造业，人类文明发展就不会取得革命性的突破，自然也就无法取得生存和发展模式的变革。要知道服务和服务之间、钱和钱之间，本身都不产生价值，只有依附于先进制造业的变革，依附于真正的科技变革，才会产生实质性的价值。

以地产业为例，房产也许改变了环境，改变了人类的居住水平，但对人类社会基本要素的提升并没有看到。我们看到的也就是把某一个片区种了一点花花草草，这是否有利于促进人类社会的发展还不敢说，也许很多年之后，自然才是最美的。地产的本质是人要住房子，但是如果把地产作为一个金融服务的动向，就像炒石头，现在炒普洱、炒郁金香，总有泡沫破裂的一天，就有最终的受害者。

我们可以想象，如果未来先进制造业足够发达，发达到人工智能取代了人，而且人工智能还可以自我发展，就会产生另一个问题：当大数据足以集中，人工智能足以发展，机器人的学习能力和思考能力比人还强大，此时，人如果有没有最先进的思想体系诞生，最新的模式诞生，足以控制大数据，可能结果就是人类的灭亡。这当然也可以理解为谁能对信息有把控能力与处理能力，谁就是地球乃至宇宙的主人。

新型制造产业

中国的制造业产业水平有了很大提高，与国际前沿技术的差距在缩小，甚至开始顶上“天花板”；低成本劳动力竞争优势在逐步削减，过去的低成本要素越来越高，“地板”越来越高。与此同时，还面临其他发展中国家快速工业化追赶带来的压力。中国的制造业就是在这样一个“夹心”里寻求出路，一旦以印度为代表的少数发展中大国开始大规模的快速工业化进程，它的人口红利与中国过去 30 多年是一样的，未来将对中国的传统产业带来巨大的压力。

整体而言，从全球产业链上来看，我们仍然处于第三梯队，即低端制造领域，第一梯队是指三个国家——美国、英国、以色列。在许许多多领域里，美国仍然遥遥领先于世界。而英国在新材料、新能源、大数据、汽车发动机、飞机发动机、金融科技等领域领先世界；以色列领先的技术包括信息安全或数字安全、高科技农业、航天航空、生物制药、污水处理、海水淡化、高端医疗仪器等。第二梯队是欧盟和日本主导的高端制造业。如果你了解历史，就知道现在流行的大数据、人工智能等技术，其实在 60 年甚至 70 年以前，就开始在国外生根发芽。

当前，全世界的制造业产业都将经历一个更加深刻的变革，其核心是现代信息技术与制造业的深度融合。这一变革是以数字制造、互联网与新材料技术等领域的重大创新与深度应用为代表，将推动一批新兴产业的发展，并将带动整个产业形态、制造模式、组织方式等的深刻变革。而在这场深刻变革中，搞清中国制造业产业转型升级的方向尤为重要。

我们可以清零，站在新的起点上。第一，互联网已经成为普惠工具，我们不需要再对互联网恐惧；第二，在硬件革命上，中国跟全球制造业大国一样，我们处在新的工业 4.0 的基础上；第三，本国消费者出现革命性的变化。未来五年成功的人，就是建立在这三个起点上。

未来 5 ~ 10 年内中国式的管理思想出现是大概率事件。其中的商业模式创新在互联网公司已经出线，在制造业方面，也会出现一批标杆性公司。总之，中国公司未来的全球化特征会越来越明显。

中国的中小企业也一样，积极地参与全球的技术创新。未来五年中国大型企业数量还会增加，但是，它的成长方式将跟过去完全不一样，不是在基础、成本、规模优势上，而是在创新、整合、管理模式变革、技术创新上。

中国社会需要基本的医疗和教育。未来制造业也应在这上面发挥作用，升级为智慧医疗、智慧教育。

由于国内公共医疗管理系统的不完善，医疗成本高、渠道少、覆盖面低等问题困扰着大众民生。尤其以“效率较低的医疗体系、质量欠佳的医疗服务、看病难且贵的就医现状”为代表的医疗问题为社会关注的主要焦点。大医院人满为患，社区医院无人问津，病人就诊手续烦琐等问题都是由于医疗信息不畅、医疗资源两极化、医疗监督机制不全等原因导致，这些问题已经成为影响社会和谐发展的重要因素。

所以，我们需要建立一套智慧的医疗信息网络平台体系，使患者用较短的等疗时间，支付基本的医疗费用，就可以享受安全、便利、优质的诊疗服务。从根本上解决“看病难、看病贵”等问题，真正做到“人人健康，健康人人”。在不久的将来，医疗行业将融入更多人工智慧、传感技术等高科技，使医疗服务走向真正意义的智能化，智慧医疗正在走进寻常百姓的生活。

智慧教育即教育信息化，是指在教育领域（教育管理、教育教学和教育科研）全面深入地运用现代信息技术来促进教育改革与发展的过程。其技术特点是数字化、网络化、智能化和多媒体化，基本特征是开放、共享、交互、协作。以教育信息化促进教育现代化，用信息技术改变传统教育模式。整合教育信息资源，建立教育管理公共服务平台、教育资源管理平台、教育信息化社区。

通过互联网的云技术，能让优质的教育资源得到最大限度地分享，彻底打破教育垄断和城乡教育配置的不均衡，实现公平教育。从短中期效益来看，教育配套对于新城市板块的发展具有决定性因素，优质教育资源可以带动周边地区居常住人口快速增长，消费拉动明显；从长远效益来衡量，对整个城市人才的培养、人文的沉淀都具有深远的意义。

从 2013 年起，华讯方舟就在智慧教育领域有所作为，利用卫星互联网思维打造教育信息化，用科学改变教育，为教育科学化提供大数据，让全社会共享优质的教育资源。卫星宽带信息化是促进教育资源均衡化和教育手段个性化的天然手段。

创造性

科学技术的发展离不开创造性。创造性的本质是什么？在科学、技术、艺术等领域，不乏对创造和发现的各种各样的生动而深入的描述。其中最为常见的关键因素往往归结为灵感。然而，灵感的出现与否及其出现的时机，常常属于可遇而不可求的范畴。以灵感为核心的对创造性的诠释，固然引人入胜也令人神往，却忽视了除此而外是否还有哪些是我们可以一步一步、主动地、系统地增强自身创造力的。Lending Club首席风险官陈超美曾在其著作《转折点：创造性的本质》中表达了两个观点：第一，创造性往往源自对彼此冲突观点的详尽缜密的思考；第二，随着对创造性的生成机理、可能的早期迹象，以及对自觉规避偏见、误会和认知陷阱的理解更为深入，我们可以通过训练来提升创造性。创造性就是用开放的心态拥抱未知的能力和意愿。

2005年钱学森对温家宝总理说："现在中国没有完全发展起来，一个重要原因是没有一所大学能够按照培养科学技术发明创造人才的模式去办学，没有自己独特的创新的东西，老是'冒'不出杰出人才。"后来在安徽11位教授联名的公开信中演变为"为什么我们的学校总是培养不出来杰出人才"？这便是世人所知的"钱学森之问"。"钱问"的核心是杰出人才必须"具有创造性"。

人类何以具有创造性？康德的《判断力批判》或许能给我们启示，康德在那本书里论证，人类具有两种判断力；其一称为"范畴判断力"——判断现象甲是否属于范畴 A 的能力；其二称为"反思判断力"——当已有范畴不能涵盖现象甲时提出新范畴 A，使得甲确实属于 A 的能力。这里，反思判断力的运用包含着创造性。康德指出，在任何实际运用中的范畴判断力，也常需要运用反思判断力。例如，他在一个脚注里描述过，法官判案哪怕法典倒背如流也无济于事，因为这里需要的是实践智慧，也就是康德所说的判断力。晚近发表的关于创造性思维的脑科学报告表明，创造性的两大前提是：联想、判断。

对于普通人而言，创造性需要上述两个前提，其中判断比联想更重要。判断力或实践智慧，从康德的时代开始就被认为主要来自实践。在中国传统里，就是以“师徒相传”方式积累实践智慧。

彼得·蒂尔有本人气爆棚的著作叫《从 0 到 1》，核心观点是：照搬他人模式，做大家都会做的事，只会让世界增添许多类似的东西，这个过程只能发生从 1 到 N 的改变；每次创造新事物时，会使世界发生从 0 到 1 的改变；创新的行为是独一无二的，结果便是产生新奇事物。然而，如果撇去“从 0 到 1”这个让人耳目一新的提法，细细琢磨彼得·蒂尔想表达的思想就会发现，“从 0 到 1”的过程本质上是一种创造性。

说到“创造性”，我们还会想到另外一个人，他就是乔布斯。“创造性”是乔布斯身上一个强有力的标签，《纽约时报》曾在他去世后写文章称，乔布斯具有另类思维，不随波逐流。所以他也将这种“创造与众不同”、“不跟风”、自信的创新力深植于苹果产品。当然，乔布斯是一个典型案例。如果浏览国外许多伟大的公司就会发现，这些公司在创立之初都有类似的想法：开发一个前所未有的技术，创造一个前所未有的模式，做一个能在某方面改变人们生活的产品，等等。

互联网+？

现在谈得火热的是所谓的“互联网+”，但有些走形了。我常说，“互联网+西北风”等于什么？还是等于西北风。可能是当今实体经济非常落后，就业率估计又比较差，“互联网+”成为了风口。在过去十年，以地产经济为代表的，非科技型经济沉下来的资本又太多的情况下，大家找到了一个宣泄的出口。

我们绝对不排斥互联网，每个人都应该拥抱互联网，但确切地说，“互联网+”应该是“某某+互联网”。比如像我们“卫星+互联网”，“TMT+互联网”，而不是“互联网+某某”。

互联网的本质是一种信息的传输方式，现在这种信息的传输方式发生了革命性的变革。像之前打车，只能找出租车，现在用滴滴，解决了车和人之间的信息传递。这是方式的改变，但互联网本身并不产生什么。

所以还是要回到实体经济。中国香港经济发展缓慢的根源，是以金融服务代替了一切。为什么新加坡的发展比较均衡？新加坡依然保持先进的制造业。

我在做企业时，我们公司那么多科学家，每个人都跟我讲很多奇思妙想，但是我有两点原则：第一，这个理念是不是已经被全人类大部分人认可。如果还没有认可，这不是管理层该想的事。一个科学家可以奇思妙想，异想天开，但是企业是不能来论证的。企业家要论证的是原理上大部分人认可的东西。比如说微波、太赫兹，这是全人类几乎公认的可以改变人类生活的，所以，我们就去做。

第二，这个理论如果在生产力方面没有意义也不行。一个简单的判断标准，就是在军事上可否运用。目前，族群竞争的国土面积实际上就是族群上刺刀见红的地方。互联网的发明是人类的一大进步，它革命性地改变了人类的信息传递方式，正因为这样才促进了人类的文明。但互联网只作为一种手段，它不会促进生产力的直接变革。

生产力的直接变革，一定是靠先进制造业，靠材料的变革，靠模式的变革，靠不断推出的新物质的变革，像微波、太赫兹的变革，这是人类发展的根本性要素。

上边提到了中国香港为什么经济发展缓慢？光靠信息之间的服务是维持不了人类生存和发展的，就一定会走向缓慢发展。深圳为什么能崛起，深圳崛起的主要因素在于实体经济。

现在的世界是个地球村，我们要清楚地看待中国是什么样子，世界是什么样子。从世界经济链条来看，我们 2 亿工人创造的附加值不如 2000 万美国工人创造的。为什么会这样？因为美国的生产价值基于微笑曲线的高端。在微笑曲线中，最低端的从事制造，最高端的左侧一端是顶层设计，右侧一端是品牌附加值。

美国是一个低利率、低储蓄、超前消费的国家，美元主要用来购买中国的产品，特别是一些生活类的产品。而中国是低端产品的世界工厂，高储蓄、低消费。我们把产品供应给美国，而美国把钱给我们。我们把钱拿来购买美国国债，所以现在我们是美国最大的债权国，这就是中美之间的一个经济链条。

再说资源类国家，中国算是其中一部分，但主要是俄罗斯、伊朗、澳大利亚、委内瑞拉等国家，东亚国家也算资源类国家。现在中国把东亚国家作为自己的供应商，出口产品给东亚国家；日本走的是美国的道路，但它是一个资源匮乏的国家，它既想做金融的制高点又想做设计的制高点，所以它是两不像的国家。基于经济的发展，日本在某些领域的竞争力依然很强。这是世界经济的发展链条。

可以这么说，如果中国依然保持现在的发展势头，全世界迟早会只有两个股东，中国和美国。欧洲虽能算世界一极，但影响力会越来越小；俄罗斯在中美不断的竞争发展中被远远地抛在后面。全世界的发展主要是看中国和美国，今天的中国似乎是在重复美国 100 年前的故事。

这个世界是很公平的，总是“三十年河东，三十年河西”。当一个国家的体制让所有创新的人毫无顾忌地创新的时候，就是一个国家爆发的时候；当创新创业受到国家体制阻碍的时候，就是开始倒退的时候。

今天，我们看到阿里巴巴在美国上市，成为世界上最大的电商，但互联网是美国发明的，为什么美国没能产生世界上最大的电商公司呢？只注重消费领域与流通领域是不行的，我们还是要在生产力方面实现变革才可。日本的很多小企业数十年如一日，只生产一种产品，专攻一门技术，磨炼一项工艺。再比如芯片，半导体芯片产业是对信息安全、国民经济极其重要的战略性产业。全球77%的手机是中国制造的，但其中不到3%的手机芯片是国产的。每年进口需要消耗2000多亿美元外汇，超过了石油和大宗商品，是第一大进口商品。

说来说去，我们注重生产力领域的变革，这才是根本性的，也才有与美国竞争的实力。我们认识虽然晚了些，但产业革命也在继续进行中：自1978—1997年，从重工型计划经济向产业轻型化转型；1998—2014年，从轻型化向重型化转型，从内贸经济向外向型经济转型，特别是广东，绝对是经济发展的一面旗帜；2015年开始，从产业重型化向互联网经济倾斜。

互联网经济的发展，已经开始由消费互联网向产业互联网转型。产业互联网的商业模式有别于消费互联网的“眼球经济”，而是以“价值经济”为主，即通过传统企业与互联网的融合，寻求全新的管理与服务模式，为消费者提供更好的服务体验，创造出不仅限于流量的更高价值的产业形态。产业互联网的三个要素是：随时联网，人与人之间的链接，新的商业模式。这绝对是颠覆性的。今天有人把我们的时代叫D（Date）时代，是大数据时代，大数据时代就是产业互联网时代。大数据时代的经济是哪里有机遇，哪里就是经济的主导中心。中国的 BAT 企业，比较伟大的企业有百度、阿里、腾讯，他们在消费领域的互联网应用绝对走在前面。在产业互联网上，中国还没有一个伟大的企业。这就是我们的机遇，不管是德国的“工业 4.0”也好，还是“中国制造 2025”也罢，都是一场深刻的产业革命，继而引发一场深刻的社会变革。

人工智能

2015 年以来，“人工智能”成为科技界和产业界最热门的词语。智能冰箱、智能空调、智能手表和智能机器人，还有谷歌、百度各自的人工智能大脑等新产品不断涌现。但与此同时，人工智能威胁论也甚嚣尘上。

人类会逐渐由信息时代进入到智能时代，而人工智能是智能时代最底层的支撑技术，同时是最重要的技术。到目前为止，人工智能不但包括计算机领域的技术知识，还涉及生理、心理、物理、数理、地理等自然科学技术领域的知识，而且还涉及哲理、伦理、法理、艺理、教理等人文艺术宗教领域的道理。

人工智能并不是新鲜事物，在 60 年之前就已经有计算机学家提出过。但鉴于技术条件等许多因素的限制，人工智能旋即被人遗忘。不过，随着一些标志性事件的发生，人工智能再次成为人类注目的焦点。1997 年 5 月 11 日，名为“深蓝”的电脑毫无悬念地在标准比赛时限内击败了国际象棋男子世界冠军卡斯帕罗夫的人脑，从而证明了在有限的时空里“计算”可以战胜“算计”。更有意思的是，2011 年 2 月 17 日，一台以 IBM 创始人托马斯·沃森的名字命名的电脑在智力问答比赛中狂虐两位最聪明的美国人而夺得冠军。2016 年 3 月 9 日至 15 日，“围棋名誉九段”AlphaGo 在首尔以 4:1 的比分战胜了围棋世界冠军李世石九段，从而进一步引发了人工智能将如何改变人类社会生活形态的话题。

随着图像识别、深度学习、语音合成等人工智能的核心算法日渐成熟，并开始大规模商业化应用，未来 5 年，许多知识性工作将逐渐被以人工智能技术为主的知识自动化流程替代。未来 10 年，人工智能应该会在知识自动化上有重要突破，助力智能制造、智能网络等智能产业的兴起，通过软件定义的系统，以及虚实互动的平行智能技术，构建智慧农业、企业、城市、社会和健康体系，使我们真正进入一个智能的时代。未来 15 年，有人控制的无人车，如物流车、公交车、出租车等，还有有人操作的机器人化无人车间、无人工厂将风行。人们不是失业，而是有了更多更好的工种可以选择。

第四次工业革命已经来临，且它跟以往任何一次工业革命都有所不同，它的发展不再是以线性速度，而是呈几何级增长，它不仅将改变人类的行为方式，还会改变人类本身。而人工智能技术将成为第四次工业革命的主导技术，虽然近年来已经取得了巨大进步，但总体还处于初级阶段。我们国家应该以推进“+互联网”和“中国制造 2025”战略为契机，加快相关规划与政策的落地，释放出能力，做大做强智能产业。

数字鸿沟

按照美国国家远程通信和信息管理局（NTIA）的定义，数字鸿沟

（Digital Divide）指的是一个在那些拥有信息时代的工具的人与那些未曾拥有者之间存在的鸿沟。美国商务部的“数字鸿沟网”把数字鸿沟概括得更为详细：“在所有的国家，总有一些人拥有社会提供的最好的信息技术。他们有最强大的计算机、最好的电话服务、最快的网络服务，也受到了这方面的最好的教育。另外有一部分人，他们出于各种原因不能接入最新的或最好的计算机、最可靠的电话服务或最快最方便的网络服务。这两部分人之间的差别，就是所谓的数字鸿沟。”

在中国，研究资料表明，数字鸿沟造成的差别正在成为中国继城乡差别、工农差别、脑体差别“三大差别”之后的“第四大差别”，其本身已不仅仅是一个技术问题，而正在成为一个社会问题。网络用户虽然持续增长，但其普及和应用主要发生在城市，网络用户中只有 0.3%是农民，城市普及率为农村普及的 740 倍。尤其值得注意的是，同中国的地形梯级分布相似，中国不同地区使用数字技术的程度也呈梯级分布，只不过方向刚好相反，表现为东部沿海城市数字化程度相对来说比较高，而中西部地区数字化程度较低。无论是实际上网人数，还是上网人数所占人口比例，东部省区都大大超过中西部地区。

在最近的《世界一些国家信息能力总水平排序》中，数字鸿沟最小的国家前五位分别为：美国、日本、澳大利亚、加拿大、新加坡。中国位列第 27 位，排在菲律宾、印度尼西亚、泰国之后。

2016 年 4 月 25 日《人民日报》发表文章《消除互联网发展的数字鸿沟》，文章提到，习近平总书记强调：“让亿万人民在共享互联网发展成果上有更多获得感。”为了弥补和消除数字鸿沟，近年来，中国积极推行“宽带中国”和“互联网+”战略，并取得很大成绩。

文章又说，自政府信息公开条例施行近 8 年来，在建设透明政府、阳光政府方面，互联网也发挥了积极作用，推动了政务信息公开、政府信息资源公开。与此同时，速度过慢、价格过高仍然严重制约着互联网公共服务的普及，即便从世界范围来看，中国网络资费也不便宜。一个例证是，中国去年一亿多人次出国旅游，但出国漫游的增长速度却是下降的，因为漫游费太贵了。

文章特别论述道，比起技术上的数字鸿沟，观念上的数字鸿沟更需重视。这种观念上的数字鸿沟，既不利于国家互联网战略的实施，不能在经济社会生活中最大限度发挥信息技术的优势，也导致了民众和企业在信息服务上的“办事难”。

改变这种数字鸿沟状况，技术上，我们从事的卫星互联网事业，在太空上可以把信息传递到地球上，让每个人都有获取信息的能力，这是最平等、最有效的促进数字鸿沟缩小乃至消失的手段。但最重要的是，国家要有开放的气魄，尊重人们平等获取信息的权利，尊重人性的最大公约数。

03 / 空间通信托起未来

想象力永远是人类改善生活的希望所在。1945 年 10 月，英国空军雷达军官阿瑟·克拉克在《无线电世界》杂志上发表文章，提出了著名的基于 3 颗地球同步轨道卫星，覆盖全球通信的设想。

在这一设想的激发下，自 20 世纪 60 年代以来，卫星通信技术日益成熟，已逐渐成为区域与跨洋通信、国家基础干线通信、国防军事通信、行业及企业专网通信的重要手段。

卫星产业将成为继移动通信和互联网之后的第三大新经济增长点。

卫星就是数据，卫星产业的最大特点就是“供给创造需求”。目前，数以千计的行业和经济领域依赖卫星系统提供的服务。同时，随着卫星产业的下游辐射和覆盖越来越广，航天技术与商业技术交叉融合，卫星产业本身也在发生变化。传统意义上用制造、发射、运营、服务对产业链进行分割已不再适用，上下游的合作与融合，必将造就新的商业模式。

让带宽像空气一样弥漫

1G、2G、3G、4G、5G！人类需要更大的带宽、更好的网络，用更短的时间获取更多的信息，实现更加方便快捷的沟通，这已是人类的共识。其实现也有赖科技的高速发展，所以，每个国家都把信息通信作为国家战略。

现在，一种全新的信息通信方案正在酝酿中，那就是卫星互联网。所谓卫星互联网，简言之，是一种卫星通信与互联网相结合的新型网络，它基于小型卫星通信地球站，以因特网协议（IP 地址）为网络服务平台，以互联网应用为服务对象。也就是说，卫星互联网与传统互联网的最大不同是，它不再通过电信运营商提供的有线或无线宽带线路进行信息联网传输，而是借助于高容量的卫星宽带线路实现信息联网传输功能。

我们从事的是卫星通信，可以做 2G、3G、4G、5G 的良好补充。比如在海上，在空中，在人迹罕至之地，卫星通信都可以实现网络覆盖、信息传递。与地面通信的区别在于，他们要在地面建基站，而我们要在太空建基站。

当人们充分了解到卫星互联网代表着未来发展时，越来越多的企业特别是互联网企业介入卫星产业，诸如美国太空探索技术公司、欧洲卫星公司、美国创业公司和荷兰 O3b 公司等像雨后春笋般涌现出来，就连脸书和谷歌这样的大公司也都纷纷加入卫星互联网业务的竞争行列。为了实现允许任何人、在任何地方、以高带宽高速度上网的终极目标，各大公司不惜一掷千金，投入数十亿美元来构建和改进卫星互联网，其白热化程度前所未有。

O3b公司已在距离地球约8000千米的中地球轨道上建立了12颗卫星，这样的距离可以保证信息来回传输只需要150毫秒。这些卫星向地球发射 120 个可调节方向的互联网光束，每个光束可以覆盖直径约为644 千米的区域。目前，O3b 公司已为包括哥伦比亚、刚果民主共和国、南苏丹共和国和巴布亚新几内亚在内的热带地区、太平洋岛链、海上钻井平台以及大型邮轮提供互联网服务。当地电信运营商只要与 O3b 公司签署一个互联网光束协议，设置一个 4.28 米的接收天线，便可通过移动蜂窝网和电缆将带宽分配给企业客户和消费者。

美国太空探索技术公司已向美国联邦通信委员会提交申请，打算采用从谷歌公司获得的 10 亿美元资助资金建立一个新的卫星互联网。该计划包括在离地面 625 千米的轨道上先期发射两颗测试卫星，后期再发射 6 颗卫星，并在轨道上停留 12 个月，为华盛顿州雷德蒙德、加利福尼亚州的弗里蒙特和霍桑 3 个地区的用户提供互联网接入服务。

最近，美国创业公司更是雄心勃勃地提出，要在距离地球 1200 千米的轨道上，建立一个由 648 颗卫星组成的卫星互联网的计划，此方案可使信息来回传输的时间仅为 20 毫秒。与 O3b 公司有所不同的是，O3b 公司需要电信商运营使用大型天线接收器，而此方案只需要使用类似本地互联网一样的小型信号接收装置，便可通过 WiFi 或移动蜂窝网与用户设备进行连接，以保证任何程序的顺畅运行。一旦这个计划得以实施，将使美国创业公司成为世界上最先进的互联网服务提供商。美国创业公司下一步甚至打算把 2400 颗卫星送入低地球轨道，与当地合作伙伴一起提供宽带互联网连接服务。

在此重压之下，美国太空探索技术公司不甘落后，立即宣布要建造和发射 4000 颗低地球轨道卫星的计划，一下子使低轨道卫星的数量激增 2 倍以上。作为拥有 66 颗卫星的铱星通信公司也不甘寂寞，从 2015 年开始启动一项类似于美国创业公司和美国太空探索技术公司设想的卫星互联网新计划。脸书公司也想在卫星互联网服务领域中分得一杯羹，它正在测试其太阳能供电的无人驾驶飞机。这种无人机的大小相当于一架商用客机，它将进行环球飞行作为卫星中继站，将互联网服务传回地球。脸书公司打算通过一个操作员来操控 100 架无人机，而这种无人机可以连续服役 5 年。

航天工业原有的资源、技术、渠道垄断逐渐被打破。依然仅仅靠国家、靠政府的投入模式将难以为继，市场化的趋势要求企业必须利用自身的技术优势找到自己的摇钱树。而这一切，必将拉开中国航天工业的产业化大幕。

经过 40 年的发展，目前中国在轨卫星数量已突破 200 颗，但仍远低于美国（2000 余颗）。同时，中国的卫星结构性缺失突出：科研型卫星比美国略多，但应用型卫星数量远远不够，特别是在通信卫星、导航卫星和遥感监测卫星方面，分别只有美国的 7.6%，50%和 33%。

全世界卫星民用的市场比较多。参考美国军工行业发展史，在美国军费收紧的时候，民参军给美国军工产业注入了一针强心剂，且对外围协作配套军品进行社会化采购是必然趋势。

我们都知道，全世界交易数据的传输，最大的问题是容易断。比如光纤，一旦地震光纤就断了，只有卫星通信是最稳健的。所以这也是我们选择该领域的原因，它具有天然的全球性，具有天然的安全性。对人来讲也是最环保的，像 2G、3G、4G、5G 都具有辐射，电磁的污染会越来越多。可以说，未来卫星通信不仅仅是地面通信的补充，而且作用越来越大。

为什么卫星通信还没有成为人类的共识？因为卫星通信在人类的历史发展中表现出太贵了、太高端了，不能飞入寻常百姓家。我们的使命就是让卫星的宽带便宜、便宜、再便宜，从而让寻常百姓都用得起。

随着技术的发展和进步，卫星移动通信将出现三大变化：从便携式用户终端向手持式用户终端扩展；从单一的话音业务向多种业务特别是数据业务发展；从单独组网到多网互联发展。

卫星互联网也会越来越多地被人接触，现在依然是技术门槛相对高，资金密度相对高的行业，这个不是一般人能碰的。但是未来不会这样，这也是历史发展的必然趋势。

21 世纪注定是通信技术迅猛发展的世纪，其发展不断满足着人类对信息爆炸引发的碎片式信息的获取需求。这一科学领域的每一次重大进步，都将彻底影响人类生活。这对于我们来说是一次巨大的机遇。我们要做的，就是要实现每个人用自己的手机通过卫星互联网可以看到全世界。在我们的卫星互联网上，有覆盖全球的通信网络和覆盖全球的信息传输。当然，我们首先希望中国人看得见全世界，直到看得见自己。

在贯彻落实国家“一带一路”发展战略，实现区域内国家和地区的互通互联，承接大数据时代大带宽通信的背景下，华讯方舟联袂西乡街道新安实业公司联合打造国内首个集卫星互联网研发、商业运营、产业聚集、产业孵化演进的全产业链创新产业园，建成后将成为亚洲乃至世界卫星互联网产业集聚区。我们把这一区域形容为“天络地网，经天纬地之谷——中国天谷。”

军民融合助力军事信息化

经过改革开放 30 多年的发展，民营科技企业在微电子、计算机、软件、互联网、移动通信、卫星导航、通用车辆、机电产品、原材料等产业领域发展很快，甚至超过了相关军用领域的发展速度。许多实力雄厚的民营企业，在技术水平、研发速度、产品质量、售后服务、市场应变能力、商业模式运作等方面，具有较为明显的优势，为参与装备建设，提供了巨大潜力和空间。

自从 2000 年中央提出军民结合、寓军于民方针以来，国家先后出台了《国务院关于鼓励和引导民间投资健康发展的若干意见》、《关于鼓励和引导民间资本进入国防科技工业领域的实施意见》等措施意见，构建了有利于“民参军”的相关政策法规。2014 年，总装备部、国防科工局等四部委还专门下发了关于进一步简化资格认证、放开市场准入的意见。总体上看，2000 年以来，民参军经过十多年的成长发展，目前，正由配套向总体转变，由局部向全局渗透，由民间行为向政府行为迈进。

截至目前，取得武器装备科研生产许可证和总装承制单位资格的企业已超过 2400 家，其中，民口企业 1600 多家，民营企业近 1000 家，民营企业已经逐步成为一支不可替代的重要力量。

习近平主席在十二届全国人大三次会议解放军代表团全体会议上指出：“把军民融合发展上升为国家战略，是我们长期探索经济建设和国防建设协调发展规律的重大成果，是从国家安全和发展战略全局出发作出的重大决策。”

如今的国家安全概念已发生变化，不再是一枪一炮、一城一地的角逐，而是集政治安全、国土安全、军事安全、信息安全、经济安全、文化安全等于一体的综合安全。无论是军事安全，还是经济安全，无论是海洋太空安全，还是网络空间安全，不仅靠军队维护，也要靠全民参与。只有全方位、多领域、深层次推进军民融合，才能赢得主动，确保国家总体安全。因此，实施军民融合发展战略是实现富国强军的战略抉择。

2015 年，“四个全面”战略布局统筹推进，“一带一路”国家战略将进入实质落地阶段。在这个宏大格局中，军民融合深度发展迎来前所未有的历史机遇，如何顺势而为，同样成为关注点。

纵观全球，网络与信息安全领域的军民融合，是顺应当前新军事变革发展大势和信息网络安全发展的必然要求。当今世界，无论大国小国、强国弱国，都纷纷打破军民分割、自成体系的格局，越来越多地利用国家资源和整体力量来实现国家防务能力和信息安全保障能力的整体提升。近年各主要国家都非常重视把国防和军事需求融入国家建设总体布局中，在武器装备研制、人才培养、军队保障和基础设施、信息化建设等方面实现军民兼容发展。

美国将国防工业与民用科技工业基础融为一体，以巨额军费刺激经济生产，全力保持国防技术水平和经济总量居世界领先地位；日本、德国将国防科技工业蕴于民企中，使国防科技、尤其是信息技术具有雄厚基础；俄罗斯、印度等正在将独立的国防科技工业体系改革为军民结合体制，实行跨部门的国防科研和生产大协作；以色列以国防高科技作为立国之本，以先进的电子信息等军工技术带动国民经济发展。

目前，一些发达国家的军事专用技术比重不到 15%，而军民通用技术则超过 80%，建设武器装备研制军民一体化的平台，军民融合已成气候。例如，美国实行军民一体化战略，大力发展军民两用技术，每隔10年左右就推出一个军民两用技术发展计划，始终保持超前于世界其他国家一至两代的领先地位。在军队保障方面，市场化军事外包成为主要方式，美军88%的陆地战略投送、50%的全球空中战略投送、64%的全球海上战略投送，都是依靠民用运力实现的；在人才培养方面，80%左右的初级军官和军事技术人才来自国民教育系统。俄罗斯在普京上任后对军事工业实行全面改革，大力推进军民结合和发展军民两用技术，实行跨部门的国防科研和生产大协作。北约各国近90%的军事技术人才都毕业于地方高校。在大型基础设施建设方面，各主要国家通过立法贯彻军民融合的原则，军民融合呈现出全方位、全要素发展趋势，战斗力生成模式也随之发生根本转变。

军民融合既是国家战略，强军之策，也是新军事变革大势所趋和信息安全发展的必然要求。信息化与信息安全领域更是如此，它事关国家安全和军队发展的战略全局，必须全力推进。

这里我们有必要提下人类战争。人类的战争发展从冷兵器时代到热兵器时代，这两个时代都是以消灭有生力量为目的的。但是未来的战争将不会如此，这也是人类文明进步的结果。未来新型化战争将以“拒止”为主要手段，以不伤害生存权为主要体现，以“波”为主要武器。

华讯方舟控股的华讯方舟股份公司，是军民融合的典范，是家致力于推进国防与军队信息化建设的综合防务服务商。

2016年10月19日，第二届军民融合发展高技术成果展在北京举行。中央七大常委参观了此次展会，习近平主席在参观时强调，军民融合是国家战略，关乎国家安全和发展全局，既是兴国之举，又是强军之策。军民融合不断取得阶段性成果，呈现出加快发展的良好态势。要继续推动体制机制改革创新，从需求侧、供给侧同步发力，从组织管理、工作运行、政策制度方面系统推进，继续把军民融合发展这篇大文章做实，加快形成军民深度融合发展格局，切实打造军民融合的龙头工程、精品工程，为实现中国梦强军梦作出更大的新的贡献。

华讯方舟参加了此次展会，展出了太赫兹及卫星通信领域内取得的科技成果及创新应用，现场向党和国家领导人汇报工作。

第三章

伟大企业的味道

CHAPTER 3

自勉·华讯方舟　中国天谷

华夏文明数千年，讯起烽火巅峰现。

方至近史几代怜，舟行四海何时见？

中兴吾辈岂等闲，国梦今朝正进演。

天网并非独家剑，谷歌还看东方颜。

二〇一三年十一月八日

本章主要讲文明的最活跃要素：企业。

上边这首诗的首字连起来是“华讯方舟、中国天谷”，基本上阐述了我们的行业理念和中美之间的关系。我们希望掌控世界信息的科技制高点，将地球与太空连接起来，让卫星数据传播到地球的每个角落，让带宽像空气一样弥漫整个世界。

我在天谷奠基时曾说，一个国家，一个民族，在不同的时代总有也总得有胸怀天下、敢于担当的人。我们今天不敢说胸怀天下改变世界，至少可以说胸怀天下敢于担当。让自己内心安静下来，工作起来才有成就感。

伟大的企业和伟大的人都是熬出来的，都是付出比别人多倍的努力获得的。我常觉得，时不我待，需要做一些自己感兴趣的，至少努力地去追寻能够改变族群和人类社会的事情吧。

01/坚守

火凤凰与中国梦

我们公司的图腾是火凤凰。火凤凰是凤凰涅槃之后而重生，是我们公司的精神，因为我们有不屈的斗志、不败的意志、不死的精神，成就了我们的今天。而且我们站在融合中西文化、通融世界的起点上。未来，在完全以企业形态为主的社会组织里，我们的企业经历涅槃而后生。

为什么有美国梦？因为美国是一个小孩要长大，是有理想的热血青年，所以他有梦；我们中国不是这样，我们是一条沉睡的龙，该做的是如何重振雄风。我们在汉唐时期不论是文明的程度，还是科技水平都堪称第一。我们最该做的事情是，把我们族群中最值得让人尊敬的东西提炼出来，用现代的文化、现代的科技发扬光大。所以，我一直觉得我们中国人要在新的时代里振作起来，做实在的有利于本族群发展、有利于人类文明进步的事情。我们虽然只是一家企业，但是我们愿意尽自己所能。

我们提出“不忘初心，方得始终”，我们呼吁“坚守”，在这个“迭代”和“颠覆”的年代，我们坚守实业报国的本质，在坚守中创新，在创新中坚守，在巨变中坚守，在坚守中巨变。

华讯方舟正在“凤凰涅槃、二次创业”，将牢牢掌聚焦主业之舵，扬提升竞争力之帆，强中层执行之力，行产业报国之路，在浩瀚科技之海再次起航！在变与不变的历史洪流中，我们注定要留下人类文明前行的身影！

伟大的企业和伟大的人都是熬出来的，都是付出比别人多倍的努力获得的。我常觉得，时不我待，需要做一些自己感兴趣的，至少努力地去追寻能够改变族群和人类社会的事情吧。

要是改变不了，也不后悔，重要的是还有背影留下，展现出我们的人格，展示出我们的风貌。展示出我们对社会的影响力，这才是根本，所以我们不惧怕失败。

不仅不惧怕失败，最坏的打算也要有。华讯方舟的核心价值观是“担当、引领、突破”。担当是放在第一位的，什么叫担当，就是把身家性命赌在公司上，不给自己留任何后路，就是全力以赴、全身心、全资源地做卫星通信，这就是担当。

因为卫星企业都是长寿企业，肯定是几代人的事业，不是一个人的事业。我希望未来的职业经理人，也能够践行这个价值观。

曾经风雨

从 2007 年算起，华讯方舟已经成立十个年头。在这段历史的进程中，我们的华讯方舟的精神就是凤凰涅槃。

这期间，公司经历了许多风雨。公司才十几人时，有次被盗了，保险柜被撬开，值钱的东西都被盗走。还有一年，半夜里办公室被烧掉了，我到那儿去看的时候真是一片狼藉。近些年，我们因为管理上的失误，导致一些失控。在公司的历史上，充满了荆棘，每次公司在这样关键的时刻，遇到可知和未知的困难，那一瞬间的心情确实非常人能够体会。中国民营企业的寿命周期在 2012 年的时候是 2.7 年，在 2013 年的时候是 2.5 年，但是我们挺过来了，不仅挺过来了，还活着，而且还活得很好。我想这是我们华讯方舟内在精神追求一致的结果。

当年陈博士从美国归来，我们在中关村吃盒饭，睡通铺。很多同志为了网络建设披星戴月，甚至抛家离子，奔走奋斗在第一线。我们生产线的同志为了赶工，曾准备动员公司所有女员工去生产线加班加点。是什么托起了我们华讯方舟的今天？一直以来，正是因为有了不屈的斗志、不死的精神、不败的意志，才有可能实现我们的价值观。我们才敢于担当，敢于引领，敢于突破。正因为我们长期的坚韧和激情，才有了我们现在。这才是贯穿我们华讯方舟过去、今天和未来的永恒精神主题。我想成功的路上其实并不拥挤，因为能够坚持下来的人并不多，能够看清方向并一直走下来的人并不多。

鲁迅先生曾说，中国自古就有埋头苦干的人，舍生取义的人，为民请命的人。我希望我们华讯人负责任、敢担当，传承凤凰涅槃的精神；

有尊严、肯引领，认真做好自己；能坚韧、善突破，确保有所作为。

选择坚守

第一，选择坚守，不陷于时代的车轮。虽然中国已经是世界第二大经济体了，我们却在苦苦寻找迷失的幸福。这个世界也许永远不会尽如人意，当顺应历史潮流但不陷于历史的旋涡，伴随时代向前但不陷于时代的车轮。那些在时代之中成功的人，都是选择了坚守自己。听从内心的呼唤，坚守拼己胜于拼爹，坚守风骨胜于媚骨，坚守使命胜于生命，坚守自己的激情，坚守自己的理想，坚守自己的信仰。

第二，选择坚守，做你自己的精气神。要永远相信发自你自己灵魂的精气神，不要相信圆滑的人说你不够成熟，不要相信聪明的人说你不够理智，不要相信世故的人说你过于单纯。选择自己的坚守，我从一个人来到深圳，再到管理一家百亿规模的公司，个人以为就是因为选择了坚守。坚守自己的精气神，也许有一天我们会跌倒，但无愧于自己，无愧于我们这片热土！

第三，选择坚守，当你坚守到不能再坚守的时候，你就成功了。王国维曾说，古今成大事业大学问者，必经过三个境界：第一境，昨夜西风凋碧树，独上高楼，望尽天涯路；第二境：衣带渐宽终不悔，为伊消得人憔悴；第三境，蓦然回首，那人却在灯火阑珊处。要到达第三境，我的理解就是围绕自己的目标简单加勤奋：世界上的很多人都很聪明，一个越简单、越单纯的人，越有竞争力。把社会看得简单点，规则必将战胜潜规则；把人生过得单一点，理想总是好过幻想。再加上我们勤奋并选择坚守，多年如一日地坚守自己的目标。纵然这条路上也许会有你必须一个人过的黑暗隧道，但永远选择坚守，坚守到不能再坚守的时候，绝望之处就是希望，隧道尽头就是阳光，这就是你的成功！

华讯方舟就是一家选择坚守的企业，中国的未来，一定是在选择坚守的人身上。这是一个最好的时代，也是一个最坏的时代，你若怎样，这个世界就怎样，你若光明，世界就不会黑暗。

生命共同体

我们这些人来自天南海北，为了一个共同的理想聚集在一起，究竟要成为什么样的人，成为什么样的组织？要很好地分析一下这个问题，如此我们才能找到自己的定位，才能为共同的目标而更好地奋斗。

第一，做一群坚守的人，一个坚守的组织。

记得，有人说 2014 年是从寻找一架飞机开始，到寻找另一架飞机结束，中间寻找了几天金正恩。这个调侃有些无聊，显得无情，但它反映了当今社会的核心——寻找。我想我们也在寻找，在今天这个社会，我们都身处寻找的过程中，我相信大家都品味到了焦虑和不安。有时候，这个社会表面风平浪静，但实际上弥漫着不安的气息。在这样的社会环境中，我们华讯人究竟要成为什么样的人，我们聚在一起组成华讯方舟究竟要成为一个什么样的组织？全世界都在寻找，人们在寻找什么？

当静下心来，特别是在飞机狭小的空间里，关掉手机，铭心沉思，得出八个字，“不忘初心，方得始终”。我们来到这个世界的初心是什么，我们最终到哪里去，结局是什么。记得小学时候的课文里有热爱祖国，热爱人民。坚持热爱，让我们唤起了不忘初心，方得始终。

所以我们华讯人，首先应该做一代能够坚守的人。这个世界变化太快，有许多想做事的人，没有坚守，定会失败；有很多事情你努力了，但是没有持续努力，也会失败。

我们要做坚守的人和组织，首先是坚守热爱。我们每位员工，来华讯的初衷是什么，是事业还是职业？职业是你今天干了明天还得干，但是你热爱它了，你今天干了明天还想干，这就是事业。在还得干和还想干之间，你趋向于哪个？如果我们坚守热爱，那我们每一天都在想着干，每一天都是在从事事业。

我们要做坚守的人和组织，其次是坚守信仰。现在说到信仰，很多年轻人不理解，借用一句现在网络术语大部分人可能说“臣妾做不到啊”！我们做不到也没关系，但是可以心向往之。为什么呢？我们自己把信仰当作心底的一盏灯，只有自己点亮内心这盏灯，才能自然而然地坚守信仰，自然而然地做个坚守的人。没有信仰，就一定没有办法坚守，我们自己要坚守自己的信仰。不仅对华讯来说是这样的，对于每个人而言更是一样，坚守信仰是安身立命的支柱。

我们要做坚守的人和组织，再次是坚守良知。在“自我反省月”上我曾说一句话，华讯方舟就是一艘船，我们每个人必须用心呵护，才能保证这艘船不沉，我们每个人必须兢兢业业，这艘船才能前进。当然随着这艘船越来越大，人越来越多，我们允许有些人去甲板上吹吹风，甚至去晒晒太阳，但是我们要坚守维护这艘船的良知，不要破坏这艘船，不要成为这艘船前进的阻力。我们有很多新同志，也有很多老同志，我们处在一个变革的新起点，要以坚守良知的意志来坚守这艘船，真正让这艘船驶向成功的彼岸。

我们的图腾是火凤凰，火凤凰是一只永远烧不死的鸟。我们为什么会烧不死，因为我们自己的坚守，我们坚守热爱，坚守信仰，坚守良知。

所以我们获得了包括股东、政府、客户的支持和不断帮助，我们才有今天，才有今天这个新起点。我们必须坚守！

第二，做有洞察力的一群人和组织。

我们这样的一群人和组织，奉行“担当、引领、突破”的价值观。什么是突破，突破需要洞察力，我们要做有洞察力的一群人和组织。

火箭的发动机的喷管是什么样的呢？这经典而传奇的“拉法尔喷管”是两个反着的喇叭。除了它的动力，我更把这种形状理解成向上是仰望天空，向下是俯视大地，中间是连在一起。可以解读为，向上面对全世界的技术，我们要有洞察力，我们把它聚集在一起，形成我们自己的核心竞争力；向下我们要行成一个反的喇叭口，覆盖全球市场，做国际化的企业，面对国际化的人群，我们致力于成为喷管式的架构。

第三，坚持成为生命共同体的人和组织。

我们更加注重与华讯方舟这艘船上所有的人成为生命共同体。我们更加关注员工。让每位员工不仅从事高品质的工作，更要过上高品质的生活。只要是华讯的员工，都是华讯的主人。我们所做的这一切，都是为了华讯方舟这艘船成为与每位员工共进共享的航空母舰，成为生命共同体的人和组织！

自我反省

自 2007 年 8 月华讯方舟创建，自此 8 月就被定为“自我反省月”，公司会举办各类宣导活动，自我反省已经成为华讯最重要的企业文化。其实，当时我在深圳参加了很多企业开门的饭局，却没有参加一次关门的饭局，便思索为什么？得出的结果是，企业失败了，生存时间太短了。所以，就有了在公司建立当月开展反省的想法。

自我反省是传统。我们一直讲华讯方舟是一艘船，公司的员工都是船上的人。这艘船开得怎样，往哪里开，遇到大的风浪能否克服艰险继续前行，取决于公司的每一个人。我们允许一些人到这艘船的甲板上晒晒太阳，但决不允许破坏船的人和阻碍我们前行的人留在船上。这些话很通俗，但对于我们公司而言是很形象的。我们每一次自我反省的目的，就是要不断纠正我们这艘船的航向，维护船的整体坚固，保障船能持续远航。纵然是 2012 年的“世界末日”，纵然是 2008 年金融危机，纵然是遭遇火灾，纵然是经历了转型的痛苦，但我们依然还在，而且活得还算行。为什么我们能挺过来，就是因为我们一直反省自己，才让我们这艘船不沉没。

自我反省是变革。自我反省的历史就是自我挑战、自我革命、自我创新的历史。华讯方舟从成立到现在，很多项目烟消云散，但一直以来，我们都在拼搏。应该说，民营企业发展史，就是一部自我革命史，我们之所以能够活到现在，就是因为我们一直在革自己的命。这也是反省文化中重要的一部分。我们反省中发现一个重要问题，公司取得的成就与员工的成就感是分裂的，甚至是毫无关系的，为什么会这样？任何一个公司永远都有成功的板块，永远都有失败的板块，怎么样把你的板块变得成功，变得有成就，怎么样让你的岗位变得更成功，这就需要我们有自我反省的变革精神。

自我反省是沉实。我们华讯方舟有别于其他企业的特征是什么？总体来讲，我们这一群人比较单纯。中国民营企业的平均寿命是 2.5 年，我们能够存活到现在，根源在于我们不断反省。我们这个团队没有山头主义，没有帮派主义，大家可以静下心来，拍拍桌子，相互叫骂着讨论问题，我觉得我们沉淀出一个比较单纯的氛围。未来的世界，最大的竞争力就是单纯。每个人都太聪明了，当一帮太聪明的人在一起，越聪明的人越会有问题，只有单纯，把事情做实在才是赢家。所谓一部历史写春秋，十分沉实见精神。自我反省的精神，就是十分沉实的精神。

可以这么说，自我反省是华讯方舟的企业文化“凤凰涅槃”精神的重要体现；是决定华讯方舟二次创业成功的重要途径；是暴露问题解决问题的重要方式。

02 / 专注

我们是一个有梦想的企业，我也算是有梦想的创业者。我想通过基于科技创新的实体企业推动生产力的发展，为促进族群的发展与文明的进步做些贡献。

信息之路

华讯方舟成立于 2007 年，我们专注于高速移动下宽带通信技术研发和应用，致力于成为全球领先的移动宽带网络综合服务商。

秉承以技术创新为动力、以市场结果为导向的管理理念，华讯方舟沿着微波、毫米波到太赫兹这一技术路线，已实现从产品话语权到产业话语权的过渡，通过建设华讯方舟 Ka 高通量同步通信卫星及遥感卫星星座，打造从半导体元器件到以太赫兹通信为主要载荷的卫星宽带网络的全方位产业生态链，并致力于成为太赫兹技术体系下的全球性平台公司，最终建立太赫兹阵列式的下一代卫星通信网络。

华讯方舟专注于卫星通信业务，非常契合“一带一路”的战略。“一带一路”的信息之路是构建命运共同体亚欧生态平台的制高点，是中国领导并影响覆盖欧亚大陆44亿人口、65个国家的经济军事制高点，是实现中国信息产业弯道超车的重大布局，是实现中国产业的工业化、信息化量化升级的新平台。

要在“一带一路”如此广阔的区域内，实现信息化的互联互通，传统的通信手段难以满足。华讯方舟可以通过与卫星覆盖国家的企业和机构共同建设、运营卫星地面设施，开发经营卫星应用产品，实现通、导、遥、用一体化信息获取传输及应用的共享、共融、共通服务，促进当地社会和经济发展，提升信息获取和分享能力，为“一带一路”提供深层次的信息化服务。

在华讯方舟打造的中国天谷平台上，华讯方舟可以与国际著名卫星通信公司进行全面合作，将形成集设计、生产、销售、物流、通信等一体化的卫星通信产业，参与“一带一路”信息互通互联建设，是中国制定并影响未来信息产业标准的直接实践，是中国网络空间国际战略的核心基础之一，有利于国家工业化和信息化建设，助力国家从产业大国向创新强国的跨越式发展。

中国天谷

中国天谷是华讯方舟打造的空间产业园区，目前分别在深圳、荆州、成都、长春拥有基地。

中国天谷，是天络地网之谷，经天纬地之谷。天络地网说的是我们的行业性质，经天纬地说的是我们的胸怀志向。中国天谷定位为引领空间通信技术的科技之谷，聚集全球行业寡头的总部之谷，吸纳领域顶尖人才的创新之谷，提升产业形态转型的生态之谷，融汇中西商业智慧的文明之谷。

我们建设的中国天谷，是以领先的通信技术、广域的通信架构和独特的移动宽带网络技术形成云计算、大数据、高端通信芯片产业及高端国防产业的集群地，是完整体现工业化、信息化的一座科技新城。

我们建设的中国天谷，是在制造一台信息革命的引擎和发动机。在我们伟大的祖国，在我们第三次工业革命即信息革命时代弯道超车的时候，中国天谷这台发动机正咆哮着启动起来，这台信息革命的引擎正轰鸣着引领我们驶向未来。

我们建设的中国天谷，不仅仅是制造一台发动机和引擎，更是体现一种新的人类文明的追求方式。中国天谷致力于集聚本行业、全世界优秀的企业，以国际化的格局、全球性的视野，形成以中国能量为基础的，引领世界经济格局的，尤其是高端通信格局的资本、科研、市场新的体系，以新的商业文明促进人类进步的哲学和文化，进而诠释一种人类文明传承和发展的新的追求。我们希望，依托中国天谷平台，利用华讯方舟现有的资源，站在新的起点能够包容中西文化，掌控全球技术资源，形成一整套提升我们国家、民族、企业，包容世界技术体系、商业体系的一套新的体系，并以此形成新的商业文明，推动社会文明的进程。

当然，这些理念最终我们一定要付诸实施。事实上，中国天谷项目建成后，将成为拥有包括国家级重点实验室、院士工作站在内的尖端空间通信技术研发中心，直接引领太赫兹、毫米波、卫星宽带通信等前沿领域的基础技术及应用技术的研发，形成微波核心芯片、卫星宽带系统设备、太赫兹应用产品的中试检测生产基地，带动卫星通信产业、太赫兹产业、军工产业的发展。

中国天谷使我们发展卫星互联网的战略构想有了实施载体，向“一带一路”信息互联的伟大事业迈出了重大的一步，也是中国人可以看到全世界的重要基地。

技术认定

现阶段，我个人心目中的技术认定有两个原则：

第一，符合原理。要认定的技术，其原理已经被大多数科学家所论证过，被大部分人都认可。如果只是奇思妙想，暂时不在我们考虑的范围之内。人类社会走到今天，科学和音乐一样，某种意义上讲已经逐步在打破国家的限制、族群的限制。如果有人提出一个独一无二的理念，有其正确性的可能，但那只是基础部分。

第二，军事可用。我总要把技术与军事可用联系到一起，考虑到军事意义，主要是与当今人类社会发展的文明进程有关。几次文明大的变革都是战争之后的变革，但是胜利的一方基本上都是文明的发扬地。也就是说至少过去的实践证明，当文明发生冲突的时候，当军事科技对文明的促进越大，文明的生命力越持久，越有可能在不同文明冲突之间获胜，这也是捍卫东方文明的基本出发点。

变革创新

一个没有全球视野观的企业是没有前途的，应该看清世界的本质。

世人有个观点，外国的月亮是圆的。但总体而言，世界两极就是中美，再加一极就是欧洲。今天的中国也许是在重复美国昨天的历史，这是我们赖以生存的大环境。

要想在世界立足，就要变革和创新。国家要变革，人心要变革，企业也要变革，尤其民企，不变革唯有死。假如微信不是 QQ 发明的，微信就可能把 QQ 干掉。所以今天的企业不变革，不创新，只有死亡，而且小打小闹的变革还不行，有些东西必须是颠覆性的创新，才能赢得成功。

变革有很多方面，但核心是模式的变革和管理的变革。就模式变革而言，如果我们保持今天的发展形态，只做设备销售，那么我们主导的华讯方舟是绝对没机会的。华为今天做到几千亿元，但是还在想明年的订单在哪里。如果我们不变革就永远活在别人的阴影下，那不是华讯方舟的期望。模式变革的第一要素就是变革公司的增长模式。

就变革管理而言，公司已经颁布新的组织架构，调整的核心是以市场为导向，服务于市场，要求创新。放眼世界都在谈创新，但创新要基于现实。现有的产品，雷军卖手机，变成只卖手机不赚钱，卖服务。九阳豆浆机不要钱，只卖豆浆。我们的创新来源于现有的产品，在现有产品的模式上、服务上加以延伸。第一是围绕客户的创新，由一个单一的生意变成更多的买卖。第二是市场层面，由一卖到十。第三是把行业的待遇提高，与全世界五大卫星运营商保持良好的合作关系。

我们以一己之力，形成我们新的企业形态，尤其是新的科研形态，从而产生新的商业文明。利用这种文明融合中西管理文化，注入新的企业文化要素，最终让这种文化在推进人类普世价值观方面有着自己的贡献。

我们要成为一个伟大的企业，伟大企业的核心就是在人类的生存和发展中留下印记，改变人类的生活方式，促进人类文明的进步。我们发展空间通信、卫星互联网，提出让带宽像空气一样弥漫，就是这个目的。不管是金融危机也好，还是经济泡沫也好，我们都无所畏惧，因为我们把火凤凰作为图腾，敢于凤凰涅槃，浴火重生。

简单管理

我们来深圳时，只有 7 个人，现在数千人。

现在公司面临的最大问题是转型的阵痛。一方面，公司确确实实有引以为傲的东西。另一方面，我们的管理层和干部，尤其是中低层干部，还没有参与其中。

我们要在公司内部建设上持续发力，调整管理架构，调整业务流程，提高反应速度，全面调整现有的分权模式。我们这样的企业不能像金字塔一样，从总裁到最后的经理，我们未来一定要扁平化。

创业团队如何保持平衡和凝聚力，有三个层面。第一，胸怀，我们第一代创始人基本有股权，这个股权是直接赠送的。在第一代招聘的 CEO 当中，我们也赠送了大量的股权，但那未必是好事。股权太分散容易被外人收购。第二，如果有冲突，只能在发展中解决。有些矛盾在当时是矛盾，但在不断地发展中，时间久了，矛盾就过去了，人类文明要在不断地发展中看。第三，我们追求的是影响力，而不是追求实质性的企业权利。如果今天我回到农村种地，也许我过得比现在幸福。

每天在公司做决策，就是做取舍，决定做什么，决定不做什么。

人有时候要有这种勇气，当你实在决定不了的时候，闭着眼睛往前冲吧。

我不希望总抛头出面做礼仪性的接待，因为一旦坐下来，时间就控制不住。如果必须要见，那就在他们即将走之前，见一面，握个手，寒暄一下，以示尊重。

现在的企业管理模式分两种，一种是谷歌的人性化的管理；另有一种是军事化的管理，像华为。这两种管理方式，都能激发员工的最大创造力，到底如何取舍呢？

谷歌的文化是，小规模的团队，以最有影响力的人物为中心，一起吃住一起工作，鼓励质疑，鼓励协作，驱逐恶棍保护明星，快乐工作，身先士卒，不作恶。沟通非常重要，要心态开放，掌握细节，为讲真话营造安全的环境，爬升—报告—遵从是很好的工作模式。要掌握开会、一对一、电邮等沟通方式，管理者要注重与董事会、合作伙伴、媒体以及内部人员的沟通。

我们都在追寻这个族群最好的发展模式，但是这个族群是靠一个组织形态来实现的。什么样的组织形态是最好的，最激发人性的，我也有点迷茫。从我个人成长经历来看，我比较推崇军事化的管理，但是从我从事的行业性质和全球化的视野来看，我的管理有点放任自由，甚至有点无为而治。

我现在是放手让工程师干。让他们管，给他们足够的权力去定义这种形态，去规划这个流程，去简化这种形式，但我最希望看到的是结果。很多员工的岗位，即使我在他们位置上，也未必比他们做得好。我崇尚的沟通就是简单、直接、高效。

工作是什么，工作就是“天天干我想干的事”，是我自己感兴趣的事。我觉得为人类创造福利最直接的是，改变他们的生活模式，让他们最大化地获取信息资源，让自己变得更聪明，可以过自己真正想过的生活，这就是按需主义。为什么马克思还是受欢迎的，按需嘛，当然实现这个目标还很困难。

在公司二次创业阶段，我几乎不太参与管理，或者较少地参与管理，更多地做象征意义的工作。不参与管理，不表示把精力用在企业之外了；正好相反，不参与具体的管理，是因为我把更多的精力都用在企业之上，更多的是用在外部环境优化、信息获取、战略部署上。

整个战略方向，我更偏重于怎么样把公司变成一个真正全球化的企业。同时，培养公司内在文化素养，比如说火凤凰文化等。同时，我还把更多的精力投放在了对这个行业的把控上，这跟战略也相关。我可能会更广泛地汲取这个行业未来的技术方向、市场方向，甚至系统整合方向的信息。

精英人才

华讯方舟下设太赫兹科技研究院和通信技术研究院（下辖深圳、北京、南京、西安、成都五家分院），建立了院士专家企业工作站、博士后创新实践基地等，拥有国际高水平的研发团队，囊括了中科院院士、美国 NASA 实验室专家、中国国家千人计划学者、中国百人计划学者、孔雀团队、海内外人才以及世界知名院校专家在内的行业科技精英，科研成果已广泛应用于卫星通信、卫星互联网、超高速移动通信、智慧城市、安检成像等行业领域。

值得一提的是，2016 年 9 月 28 日，从在哥本哈根召开的第 41 届“国际红外毫米波太赫兹会议”（IRMMW-THz）上传来喜讯，电子科技大学教授、中国科学院院士、广东省院士专家企业（华讯方舟）工作站首席院士、深圳市太赫兹科技创新研究院院长刘盛纲院士获得由国际红外毫米波太赫兹学会颁发的该领域最高奖——“杰出贡献奖”（2016 Exceptional Service Award Winner Announced）——以表彰其在本领域的杰出成就和突出贡献。

据了解，“杰出贡献奖”对获奖者的要求极为苛刻，只有曾经获得过该领域的“巴顿奖”（K.J.Button），主持过“国际红外毫米波太赫兹会议”，且是该会国际组织委员会成员（IOC member）的科学家才可获此提名，并最终由该委员会通过无记名投票选出。刘盛纲院士此次获奖，也成为迄今为止国际上获得该奖的第三人、中国第一人。作为深圳市太赫兹科技创新研究院的院长，刘盛纲院士对推动华讯方舟太赫兹的技术研发与产业发展做出了不可磨灭的贡献。

我对科学家抱有仰慕之情，科学家就是人类社会的脑组织，他们用自己的大脑推进了科学的发展，转而促进了人类文明的进步；同样，我也对那些怀有为人类共同命运，为人类文明发展，努力建立基于人性最大公约数的社会而不懈努力的组织抱有仰慕之情。

03 / 经营

寻找客户平衡点

我们公司如果做好了，会为文明发展做很大贡献，为什么？我们这个企业融合了不同文明：一方面与最传统的国有军工企业合作；另一方面与最开放的、国际化的、最傲慢的西方企业合作。我们把不同文明的要素融合在一起，本身就是对商业文明的一个挑战。

东方文明超越西方文明，要建立在信息之上。不希望我们这个勤奋的民族还在盲人摸象，所以我们要用信息化的手段来促进族群的进展，让中国人看得见全世界。作为创业者，我一直在为公司创造这样的条件。

我们的企业的客户既有西方公司，又有中国的国企、央企。我们努力找到他们之间的最佳平衡点，也可以理解为兼顾两种文明形态的中庸之道。

事实上，人类文明的发展和整个模式的发展，也是在这种中庸之道上。小到企业，大到整个文明，都是在寻找一个中西的、一个中庸的平衡。这需要不断的开放，不断的信息获取，不断的分析。

一个聪明的人和一个有智慧的人，一定要会在针尖上跳舞。在针尖上跳舞的人要有专业的实力，然后要有很强大的内心，还要有非常聪明的策略才行，不然很难走得长远。

北京与深圳

我以前一直在北京创业，后来到深圳，是偶然中有必然，必然中也有偶然。

深圳很有魅力。2006 年我们在北京一直做产品研发，北京的产业链配套环境不行，找不到配套的东西。但是在深圳，走十步路就有电子产品来配套。深圳的市场环境确实非常开放，效率也高。我深切的感受是，在北京去银行办事，老大妈一般都坐在窗口：干啥？慢慢转过身来跟你说话。基本上银行办事，一个下午时间就没了。但我在深圳办事，在路边找了家招商银行网点，开了一张卡，把资金打进去。不久，行长助理就拿一支红酒到我办公室来拜访我。这就是两地区别。

企业做大必须要去北京。在北京就是跑资源。从市场角度来看，深圳更具有全球化的魅力，特别是制造业。

从创业来讲，我们是问心无愧的，为国家交了很多税，养活了不少人，也探索出来一条新的商业模式，而且是蓝海模式，不是红海模式。

在民用卫星方面，民营企业形成规模的，在中国仅我们一家。中国的卫星资源大多在军方，还没有完全放开民用市场。在运营层面，我们跟海外客户配套，但是在真正服务层面，我们在国内跟军工配套，这就是顽强的生命力诞生出来的企业，在夹缝中找到生存的方式。

在公司管理方面，主要是营造环境。我们在和深圳市的环境营造配合方面突飞猛进，与市、区、街道办各级领导和机关都有良好的互动。

我们申请了一个国家发改委的专项建设基金的项目，就找街道办的企业担保。另外值得一提的是我们的深圳天谷基地。此前，华讯方舟已获批市发改委立项，打算选定福永立新湖产业园落户，但其建设周期较长，难以支撑华讯方舟应对瞬息万变的信息产业格局。我们就多次向区委、区政府寻求帮助，希望区委、区政府协调相关职能部门在全区范围内寻找更加理想的发展用地。对于打造科技创新城的西乡来说，华讯方舟这类行业巨头企业正是街道产业转型升级所需求的，于是拿出辖区直属企业新安实业公司自主开发的城市更新项目——西乡新兴产业总部园区——向华讯方舟推介。在获知该园区已经进入实施主体确认和土地报备阶段，很符合中国天谷的建设周期需求时，双方便有了合作的基础。西乡新安公司与华讯方舟达成初步合作意向，随后，西乡街道成立双组长工作机制，每周召开一次工作协调会，推进项目落地。经过多轮会谈，“产权换股权”的合作框架确定，具体内容就是新安公司以“集体企业产权”置换“高成长性企业股权”的合作模式建设新兴产业总部园区二期项目，华讯方舟以“现金+股权”（双方认可的“总价格”）的形式取得二期（南区）项目的完整产权。

我们希望街道办通过股权的模式获得更大的收益，从而使一个传统的以房屋出租为主业的集体企业，变成一个跟高科技企业一起成长的资本经济。通过物业资本化，资本化通过管理高科技企业，又获得巨额报酬。

看起来，街道办有好处，我们没有好处。但对我们来讲，一是让我们保持开放心态；二是我们操心的事情少了，做自己专注的事，把建筑交给他们，形成一个联动性的关系。在这件事情上，我们更在乎的是，要创造一个联盟、一个平衡体，而且这种平衡体能动态地发展。

一个企业，一个人，如果不能影响这个组织，这个组织不能影响所在之地，怎么能推动文明的进步。我们希望用这种方式对街道办企业起到促进作用，对我们这个族群，在这块区域的人都有促进作用。

我们公司总部既然设在深圳，就要为当地人带来福利，就要造福一方。怎么造福？除了缴税之外，重要的是希望人们能享受经济高速发展获得的生活改变。总之，我们是在通过一个人对一个组织的影响，一个组织对一个区域的影响，来把一个传统的这种依附土地缴税关系转变成一个同进共成长的同盟关系。

这也是深圳的好处，对产业发展、对民企发展非常重视。这在深圳市各级干部的脑海里是一个最大公约数，是深圳这座城市的魅力所在。

我有幸与马兴瑞书记打过交道，一个官员做到他那种地步，还保持直率的性格，很了不起。他的直率是建立在广泛的信息获取上，往往能对很多事情做出精准判断，包括对我们企业的发展都能做出精准的判断。他的判断就是我们现在想做的事。比如说去年，他告诉我要进一步聚焦，事实上我们也正在做这件事。比如今年，我们公司正在转型升级，他告诉我在转型过程中做好财务管控、金融搭配，这些建议一针见血。

马兴瑞书记有很多观点给人以启发。他认为香港是因为没有先进制造业才落后的。我百分之百赞同。他觉得深圳最危险的地方在于干部自我满足，缺少强烈的危机意识，这个观点我也是百分之百赞同。

当然，我也和许勤市长打过交道。许勤市长素有“专家型官员”之称，又以“产业市长”闻名。他来到深圳，深圳提出“深圳质量”发展新理念，从“深圳速度”转化为“深圳质量”，使深圳科技创新的能力逐渐跃升为全国的领头羊，走上质量型增长、内涵式发展的路径，转型升级步入正轨。作为深圳的一家民营企业，华讯方舟从创建到发展壮大，一直都得到了许勤市长的关心与指导。

政企双赢

企业家在做选择时，总会面临一个问题：我们跟体制究竟是什么关系？比如说在资源获取方式上，中国现在就有三种方式：

第一种是所谓的权贵，通常这些人都非常低调。

第二种是靠市场来配置资源，比如很多上市公司的老总，这类人与体制是比较正常的关系。首先有专业性，其次必须透明，再次还要讲诚信。这类企业家的行为特点是一致的，既不高调，也不低调，是适调。

第三种配置资源的方式就是靠乡里乡亲，基本上也不怎么跟公众打交道。

是彻底信任这个体制，还是适度保持距离？这关系到对未来体制的考虑。中国民营企业没有创造出百年老店，不是不会做生意，而是在选择上的失败。当一家企业不能把精力集中在商业竞争上，而要去面对制度博弈，那么每一个动作都是成本。赚钱这事其实很简单，百年历史上一批批民营企业家很快崛起，但又很快衰败，关键在于中国社会转型总也转不过来。

从整体来看，我们可选择的空间很小。作为买卖人，我们不能总抱怨环境，而要在可能的空间里做到最好。企业家对法治、秩序、理性有天然的支持。

今天，企业家掌握的资源是过去一百年中最多的，因此企业家要慎用自己手中的权利。企业家是社会成员，同时是一个公民。但是，企业家在发挥公民诉求时，有一点不同，因为你还要考虑手下的员工，责任非常大。社会是有分工的。当你要同时承担两个以上的角色，就要当心考虑中间的平衡。因为我们管理着很多社会受托资产，你的资源不是私人资源，所以你要守好第一责任，扮好第一角色。我们的第一角色是企业法人，第一责任是看护、管理好这些受托资产。

我们私下里也经常讨论，社会给企业家这么大压力和期待，但企业家不是公共知识分子，我们对尺度很清楚，不会站到公共知识分子的角度去说话。作为买卖人，我们知道怎么把事情办成。

企业家就是企业家，不是思想家、政治家、社会活动家，更不是教授、学者。企业家作为公民，可以参与社会，有自己的倾向，可以参与大环境改善，但好比滴墨入海，影响有限。而你身后是一个企业，有那么多员工跟着你，责任重大，所以最重要的是做好企业家的角色，多为产业发展营造良好环境，多为企业改善小环境，把企业做强做大，我们的目标就是让华讯方舟成为受人尊重的企业。

天然全球化

经济全球化的本质是跨国企业的全球化，要提升对全球资源和价值链的控制力，获取更大的经济利益，中国必须培育有核心竞争力的本土全球化企业。最近十多年，在经济全球化潮流的推动下，跨国企业正在向全球化企业转型。全球化企业不仅仅具有强大的核心竞争能力、雄厚的资本或制造能力，更具有全球资源整合能力。

竞争对象、资源分布、配置手段、利益相关者，他们的全球化使得资源整合的需求前所未有的迫切，资源整合战略前所未有的复杂。

全球化整合可以分为两个层次：一个是“走出去”获取国际资源；另一个是全球化整合资源。然而，中国企业走出去更多的是属于获取资源的初级阶段。从发达国家经验看，第二层次上，发达国家企业的触角遍及全球，通过选择供应链联盟、生产联盟、技术研发联盟等不同结盟形式，克服产业壁垒，进入新的市场。因此，如何通过全球化整合资源，最大程度地吸收和利用全球高级生产要素，提升对全球价值链的控制力才是关键。

在战略方面，谷歌的做法是信赖技术“突破”，即用创新方式应用科技或设计，以达到生产成本的显著降低或产品功能和可用性的大幅度提升。谷歌最优秀的产品都是依靠技术因素而非商业因素成功的。如果有可能要做平台型企业，就要专注、开放，要避免被消费者的需求牵着走，也不要太把注意力放到竞争对手身上，要去思考那些一般人尚未想到却非常需要想的事情。制定战略的时候，要先想想五年后世界会是什么情形，然后以此为基点往前推算。

我们最近正在并购卫星运营商，这标志着我们二次转型的关键之年取得了阶段性成果。这个就是站在别人的肩膀上，使公司从一个系统设计供应商转变成一家全球的运营商。如果中国卫星通信市场一放开，那么，有理由相信，我们公司的市场会占到世界第一。

中国企业走出去，这个是大势所趋，但是也有一些问题，大部分的中国企业走出去并购都没成功。这要看公司的团队文化，有没有跟你要并购的公司相符合，有内在文化一致性，如果没有，不要做；再就是，并购的标的值不值得，会不会杠杆太高；还要看能不能跟国内市场融合起来。一定是有个增量，做这个并购才有意义，不是为了并购而并购。

任何企业都不可能靠并购来获得成功，并购是企业在成长过程中一个集约的手段。要看得见世界大势，从纯粹经济来讲，今天的中国有庞大的市场，但是没有技术。欧洲缺钱，缺市场，美国有市场，有一定技术，但是也缺钱，这个就是大家融合的一个基本逻辑。除此之外，最重要的是互补，我是有技术的设计商、设备的供应商，你是网络的运营商，我们在一起是一个完整的垂直整合，从而更具有竞争力，在战略上完全是互补的。当然根源还是我们对人性文明的把握，对欧洲商业文明和美洲商业文明的把握。就商业文明而言，我们有相同的地方，大家都是为了在边界范围之内做事情。

全球化跟英文没任何关系，跟地域也没有任何关系，全球化是说你对人的尊重是一样的。

可以这么说，中国最适合讲普世价值，“为人民服务”就是普世价值。但是现在的学者把普世价值等同于西方选举，其实人性的最大公约数就是普世价值，一家公司全球化的内因在于它拥有对普世价值的认可。如果回到商业上讲，它拥有对全球商业普世文明的认可，这是全球化公司的基本点。

践行全球普世价值的文明，用卫星通信来讲，做空间通信它天然就是一个全球化的公司。全球化体现在两个方面，第一是对普世价值的认可，第二取决于产品。

我们的企业宗旨是“为国家着想，为人民服务，按市场规律办事”。这个人民不仅仅是指中国人，是为人类服务。一个伟大的公司都是通过自己的产品服务，改善人类生活。比尔·盖茨是世界首富，微软改变了全世界。我们做卫星通信，天然就有这种优势，卫星在太空中对人的服务是没有国界的，是为地球服务的。既然是为地球服务的，那就是一个全球化的公司。

资本市场

我们还是会感觉到融资难、融资成本高。我们有一个项目，国家发改委批的重点项目，也符合国家专项债的要求。但是银行要求必须找一家国企做担保，如果我们没有一定的社会资源，哪家国企愿意担保？

当然，我们依然能在夹缝中找到适合自己的生存之路。其实，我们2012 年就准备上市了，当时做 IPO（首次公开发行股份），后来 IPO 等的时间太久了，2014 年就借壳上市了。

2014 年，恒天天鹅因原有业务盈利动力不足而公开拍卖控股权，公开拍卖最终“圈定”华讯方舟。此后，恒天天鹅的控股股东由中国恒天变更为华讯方舟。

此次拟置入资产为华讯方舟持有的军事通信及配套业务相关的资产及负债，具体为华讯方舟（母公司）全部军事通信配套业务相关的资产及负债及南京华讯 100%股权、成都国蓉 100%股权。此次交易的拟置入资产预估值为 16.5 亿元，增值率为 834.37%。为了提高重组效率，华讯方舟（母公司）全部军事通信配套业务相关的资产及负债（含或有负债）整合进入南京华讯后再置入恒天天鹅。

2015 年 4 月 7 日晚间，恒天天鹅（现更名华讯方舟）终于抛出了重组方案，拟置入控股股东华讯方舟全部军事通信及配套业务，并将原有传统业务置出。恒天天鹅重组后华丽转身为军事通信配套业务供应商。

这件事我们创立中国三个第一；第一个靠竞标借壳；第一个央企混合制改革案例；第一个资本市场上的民营企业和央企的直接合作。

毕竟我们公司在做海外市场，选择把军工板块剥离出来上市，这有利于公司的持续的发展和公司的国际化发展。

我们是以招投标的方式来借壳，我希望未来的重组也能基于对中小股东公正、透明和完全没有老鼠仓操作空间的规则。也就是说，停牌之前我完全不知道，而我取得这个壳资源是通过竞标来的，这对今天的市场有很大的借鉴意义。

如果按现在市场上的行为，两个人一谈，信息就我俩知道。你可能也有很多亲戚先买这只股票，我也私底下建老鼠仓，等重组成功，股票大涨，我花的钱都赚回来了，这是对不知道这个信息的人最大的不公平。

希望通过我们的身体力行，促进市场公正。我们也希望能有一个规则出现，实现资本市场的公正、透明，完全没有老鼠仓操作空间的存在。

04 / 担当

将来企业一定是社会的最重要组织之一，但要做有创新精神的企业家，其实是很难的。我定义自己是一个创业者，中国具有创新精神的企业家还是比较少的。我们人类过去200多年的经济增长，就是企业家不断地创造出新的产品，不断地形成新的分工链条。某种意义上讲，企业家的创新精神带来了技术革新，促进了文明发展。正如我们所熟知的，在美国一间车库里开办的一家公司改变了全世界。

科学家与企业

我们在研发上投入还是比较大的，作为一个民营企业，我们每年都是数以亿计的投入。从微波、毫米波到太赫兹的技术研发都要投入。我们给科学家创造良好的科研环境，让他们全心进行科研，我们的科学家流动性很小。

我们中国要想促进经济的发展，核心要做两件事，首先就是对知识产权的尊重。不尊重知识产权，就是对科学家不尊重，也是对人性的不尊重。因为知识产权是人性的副属品，是个人才智，也是自己的劳动所得，属于个人私有财产。对人性的不尊重，导致对知识产权的不尊重，不解决这个，科技创新就是一句空话。

我自己搞科研肯定是不行的，但我觉得我对产品方向、技术把握和对市场，有自己的经验。所以，我把自己定位成一个科研需求的牵引者，科技系统的整合者，科研资源的管理者。美国做的也是这种事，整合了系统，系统作用是至关重要的。

工程师是人类最难管的群体。比如从谷歌创立开始，向来信奉“技术至上”的公司员工就一直质疑管理的价值。正如软件工程师埃里克·福莱特（Eric Flatt）所说，“我们是一家由工程师组成，为工程师创建的公司”。其实，不仅是谷歌工程师，绝大部分工程师都希望把时间花在项目设计或调试上，而不是花在与老板进行沟通或督促他人进步上。在他们心中，管理对他们的工作有弊，无利，只会让他们分心，无法专注于“真正的工作”或实实在在且目标明确的任务。

在谷歌这样的公司，最优秀的员工比比皆是，管理者需要承担更为复杂且高要求的职责。仅仅是监督员工的日常工作是不够的，他们必须满足员工的个人需要、发展以及职业规划需求。这意味着他们要向员工提供更为智慧、可靠的反馈，以帮助他们获得更大程度的提升，但这种干预必须明智而审慎地进行，因为高学历、高智商的员工通常不愿意受到控制。既要让员工保持愉悦心情及高涨的热情，又要帮助他们从反馈中获得提升，掌握这当中的平衡点十分微妙。只有当程序运行良好时，它才能发挥出效用。

抓住万变不离其宗，珍重他们人性之中最值得尊崇的一面。

哲学家与企业

在人们的传统印象中，高科技公司和哲学家似乎没有任何交集。

但早在20世纪80年代，弗洛瑞迪就开始了哲学和计算机的跨学科研究。“信息”和“哲学”这新旧两门学科，看似对立，实则统一。好比删除搜索结果的具体操作，需要技术精湛的谷歌程序员对技术架构进行调整，属于“术”的范畴。而批准用户提出删除请求的标准是什么，如何在网络信息自由和公民权利之间保持平衡，则需要“道”给予支持。

2014年7月25日弗洛瑞迪教授来到中国，道出了哲学和信息网络之间的关系：“哲学是土壤，数据技术则是鲜花，土壤与花朵的健康成长密不可分。如果你认为自己是一朵鲜花，就一定要照顾好你的土壤；如果你是土壤，就要照顾好鲜花。”

社会发展到信息时代，似乎离解决人类最基本和迫切的需求已越来越远，似乎我们已不再需要哲学，因为哲学往往由衣、食、住等迫切需求产生。实际上，这是个悖论，1+1=2这类有明确答案的数理问题的确不需要哲学，但诸如“像大数据会带来何种道德问题？”这类没有明确标准的开放式问题，只有靠哲学才能解决。社会、科技和商业变得日益复杂、动荡，充满不确定性，没有哲学作为新思想源泉，不经过激烈的辩论，无法得出解决这些复杂问题的方案。哲学能让我们跳脱俗世束缚，创新思考。

可以说，世界越复杂，哲学越有用。哲学家则可被称为“新概念设计师”，并不应随着互联网时代的来临而过时。

从企业角度看，哲学不仅可以用来分析、明辨是非、答疑解惑；更重要的是，能让我们思考前人未曾思考过的问题，从而预判出未来。这也正是为什么，很多伟大的企业家和管理者其实也是哲学家，比如已故的乔布斯。人们普遍对创业者存在着极大误解，认为他们的工作局限于技术及管理领域，而且看重盈利。但创业者实际上是艺术家，因为他们对创造和创新感兴趣；而管理者和 CEO 则更像政治家，他们的主要职责是，在有限条件下，得出现实问题的解决之道。两者缺一不可，我们需要有想象力和创造力，敢于冒险的创业者，同时需要有条理有计划，针对现实问题的 CEO。

打个比方说，过去的商业环境像是 3 层俄罗斯套娃，消费者在最里层，限制或赋予其权利的是套在它们外面的公司，而塑造公司的最外一层套娃则是法律。先塑立法，法律影响公司，公司才能决定用户能否做什么。而在最近 5～10 年中，人们意识到实际上套娃有 4 层，法律之外还有伦理道德的约束，即社会对是非对错的判断和价值观，是道德塑造了法律，然后才有了里面一切。这就是为什么公司现在意识到，伦理道德不应该是产品和服务诞生之后才考虑的问题，而是早于一切管理程序的大前提。如果从一开始没有正确的道德观，后面很可能步步皆错，消费者终会爆发不满。

著名管理学家稻盛和夫在他的书《经营为什么需要哲学》中就曾写过：“哲学可以赋予企业一种优秀的品格，就像人具备人格一样，企业也有企业的品格。”“正确的哲学是企业永续经营的灵魂。”一个企业越往前走，越需要哲学思维。公司高管在制定战略之前，花时间考虑一下伦理道德方面的影响很重要。正因为信息社会如此复杂，改变代价太高，很多错误根本无法挽回和弥补，可能会导致企业退出商场，用户甚至还会投票选出新法案。

所以，越是高科技企业，越需要哲学家。

企业家精神

深圳发生的“宝万之争”（宝能与万科地产的股权和公司治理之争）很有意思。

王石代表着个人英雄主义的社会主义色彩。这种社会主义，是指王石希望在这个社会的群体中，显示出他个人的英雄主义。王石走不出他个人英雄色彩的小圈子，他的个人英雄情结，就好比乾隆自诩为“十全老人”。这个社会没有完人，只有容得下更多的人，事业才能持续。

宝能所代表的是纯粹的资本，资本就要主导。资本的经济模式就是资本决定了生产力，决定了生产关系。资本是雇佣关系，资本解决通过管理劳动，产生比劳动本身更大的价值，这是西方文明和西方经济一直发展到现在的必然结晶。

我们现在人类族群要共同发展，都是共同追求一个新的文明，只有人性，人性才是人的本质属性。如果要把它换成主义的话，就是人性主义。怎么样让人性得到更好的发展，就要取决生产力的发展。现在看来生产力的几大促进因素，都在于开放、兼容与信息资源的获取。

宝万事件本身说明，他们资本的运作是有问题的。我们一再强调，人性未来的发展程度要取决于对于信息的平等获取权。权力是什么？权力就是对信息的把握。我有权力，我知道的信息越多，我就高人一等。我有不对等的信息，就能获得不对等的资源，就可以做不公平的生意。

这么看，中国没有真正的企业家。如果说根源，当然是没有贵族精神。以往中国的中小企业很多是靠投机倒把起家的，大的企业都是靠不对等的信息、不对等的资源发迹的。现在则是需要最大化地以市场为导向，华为成为企业的佼佼者是如此，深圳成为中国的硅谷也是如此。

国家也在深化变革，尤其对外方面的，“一带一路”建设，便是助力走出去。在这个过程中，企业家将有更大的施展舞台。做一名企业家是件光荣的事。记得创业初期，父亲差点与我断绝关系，他并不支持我。不过，将来企业一定是社会的最重要组织，但要做有创新精神的企业家，其实是很难的。

一个社会要有企业家，就必须有适合企业家生存的环境，我觉得首先要有自由，自由就是安全感，而这需要完善的法治社会来支撑。

企业的责任

企业是未来人类社会的最基本的要素之一，人类产生生产力、生产关系的一个节点。

一个成功的企业家，应既有古代乡村的精神，维护社会和谐的主要力量，又要能够以企业、以实业的心态，促进中国本身的进步，并且为这个族群赢得声誉。他既有乡村的保一方平安，又有这种开放的胸怀迎接世界的变革，并且促进这个族群的内生变革，这个是我所想象的一个企业真正的成功要素。

近几年来，社会开始关注企业社会责任，一些诚信度及社会影响力好的企业得到了社会广泛的好评与认可。与此同时曝光的毒奶粉事件、富士康员工跳楼事件、企业环境污染事件等，使得百姓越来越注重食品安全、生活用品安全等与生活息息相关的企业，企业社会责任成为一个普遍的问题，是整个社会面临的重要问题。

以往人们认为，企业活动就是追求利润，向社会提供产品和服务；现在这些看法有了改变，要求企业还必须承担道德方面的社会责任的呼声越来越高涨。企业除了必须顾及股东的利益以外，还必须关照受企业决策与行为影响的人，即其他利益相关者。如何善待这些利益相关者，满足他们的利益要求，担当与他们的责任关系，就构成了企业社会责任的主要内容。

企业讲社会责任，意味着它既要实现股东利益的最大化，又应尽可能维护和增进社会利益。这两方面的要求形成了某种张力，使企业的经济效益和社会效益达到一定的均衡状态。企业对股东负有责任，就是使他们的投资能够获利，这是对投资负责或者说承担经济责任；而它在获得社会资源行使生产能力的同时，也就承担了对利益相关者的社会责任，这些责任虽然不像明文契约关系那样刚性，但已日益成为评价企业绩效、企业伦理的重要尺度。一个负责任的企业理应致力于实现包括所有利益相关者的共同利益的最大化，而不仅仅是股东利润的最大化。

当今企业社会责任的范围不单单是做慈善，而是企业要基于商业运作考虑自身的财政和经营状况，也要加入其对社会和自然环境所造成的影响的考量。利害关系人是指所有可以影响或会被企业的决策和行动所影响的个体或群体，包括员工、顾客、供应商、社区团体、母公司或附属公司、合作伙伴、投资者和股东。

企业社会责任的涵盖层面非常之广，并不局限于生产及利润的增长，它关系到企业的生存与发展，关系到员工的福利与安全，关系到企业的销售对象，关系到企业对环境的处理，也关系到企业的长远利益，关系到经济社会的发展与进步。它要求企业在谋取自身及股东最大经济利益的同时，应该从促进经济和社会发展的目标出发，为利益相关方履行社会义务。其中，雇员利益是企业社会责任中最直接和最主要的内容。目前国际上普遍认同企业社会责任理念包括企业在创造利润、对股东利益负责的同时，还要承担对员工、对社会和环境的社会责任，包括遵守商业道德、生产安全、职业健康、保护劳动者的合法权益、节约资源等。

此外，对于企业来说，投资评估中也要充分考虑到社会责任，例如建立“绿色”发展道路，积极寻找清洁能源，替代传统的高成本、高耗能、高污染能源。一方面，降低企业的生产成本；另一方面，可以节约全社会的自然资源，保护人类生存的自然环境。

企业社会责任是企业全球化进程中无法回避的使命，作为国际普遍认同的理念，做好社会责任不仅会让公众对企业的产品或服务更加信赖，还会帮助企业建立良好的整体品牌形象。调研显示，大部分公众会积极向他人推荐社会责任好的企业的产品或服务，这相当于为企业打开了一道口碑传播的渠道。企业社会责任不是单纯的脱离利润的回馈行为，它可以为企业发挥无形的营销价值，最终使企业和社会形成良性互动。

谷歌榜样

我们华讯方舟有谷歌树立全球信息网络并且分析全球网络的雄心。

谷歌是一个了不起的公司，谷歌对人性的尊重是做到极致了。它起先是为美国国防服务的，做到一定程度的时候，认为光为美国国防服务是很狭小的，应考虑怎么样服务于人类大众。它的商务逻辑就是先来分析人最大的需求是什么，分析来分析去，发现人最大的需求，就是求知。每个人都有求知欲，都会问为什么，才有了谷歌搜索引擎这个技术的诞生。当然这个技术最早是美军用的，它在海量的技术中搜寻出新的技术来，从这个形态上我们这个公司未来的进步，也是希望在海量的信息中，最大化地满足人类获取信息的平等性、资源性、公平性，但是从现在的表现形态讲，谷歌它最主要还是基于互联网的应用，但是我们是基于建立一个新的网络。

我们希望建设一个中国自己的空间通信网络，希望我们这个公司从形式到内容都能落地。从形式上讲，我们会打造一个以太赫兹通信为主要载荷的下一代空间通信网络；从内容来讲，我们会有一个自己的分析系统，能够满足人类的求知欲，满足生命的价值，满足对信息的获取，而且要达到让每个人看见全世界，直到看见自己的内心。

我们一直坚持公司的开放，开放不仅是面向全球世界，更要有共享的精神。内部扶持自己创业，外部扶持每个人在这个平台上做事情，同时我们这个平台能为别人带来价值，从而产生自己的价值，这一切都以商业手段来实现。因为，到今天为止，人类还没有找到一个除了商业手段之外的资源分配的更好方式。

05 / 使命

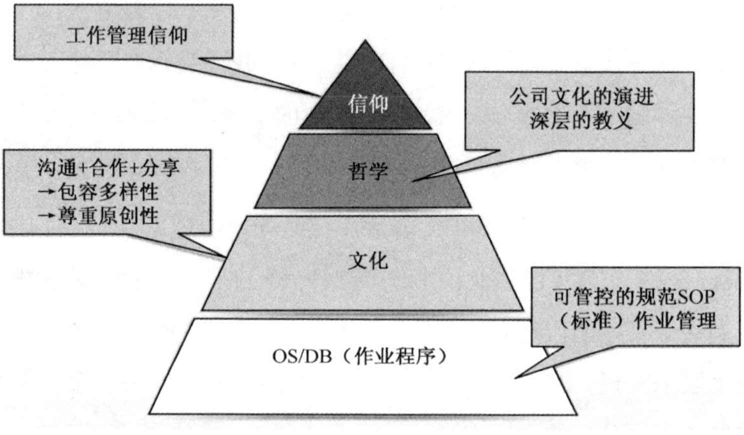

先从哲学角度来讲述一个伟大企业的味道。

首先，这个企业要有整套的形而上、形而下的东西，形而上、形而下就要求我们有标准的作业程序，反映我们的文化。我们的文化演化成深层的哲学教义，让深层的哲学教义能够建立起对工作的信仰，并且上升为我们对整个人生的信仰。在此基础上，为了保障我们的信仰，还要揭示万事万物发展的本质规律，并且遵循万事万物的本质规律来做事，更有一套管理系统保障我们能够按照本质规律来做，这就是一个伟大企业的味道，一个伟大企业最基本的味道。

在今天的中国，对我们现在的社会，对我们的生活，社会中的每个人都非常重要。只有内心有想法，才会觉得这个社会有意义，才会觉得工作有意义，才会觉得人类存在很有意义，否则的话，人生都是大苦大难。

现在的伟大企业，想要改变人类的文明进程，就要在某一个板块引领世界。所有伟大的企业，比如苹果成为世界上最有价值的公司，都是因为它改变了我们的生活方式。对于我们的企业，我们定位在基础领域，服务上体现为可以用手机直接连接卫星互联网。如果有一天，我们的产品能让全世界的大部分人走到哪儿看到哪儿，这就是我们的价值。

所有伟大企业的共性特质就是能够最大范围地改变人类的生存方式，引领人类的文明向前迈进。我们也是这样，所以最终公司的业务越来越聚焦，通过投资并购聚焦在主要产业上。

认可基于人性的普世价值

就说我们国足吧，曾以 1:5 输给了泰国队。泰国队是国奥队，而我们则是国家队。开除卡马乔就能解决我们国足的问题吗?

借此引出第一个话题，开除卡马乔扭转不了国足的命运。这次败给泰国队的原因网传两点：第一，相传国足队员不喜欢卡马乔，故意输了，以此赶走他；第二，与赌球相关，输得越多赔得越高。不过，今天国足开除卡马乔充分证明：一个团队是否成功，根源在于它整个团队的味道。

没有荣耀感和职业道德的一个团队、一个组织、一个民族、一个国家，在今天这个世界，一定是没有希望的。普世价值观就是指能被世界共同认可的价值观，唯有认可遵守它，方能够改变世界，推动社会前进。而国足的失败或许证明了这个团队没有普世价值观。

从国足的经验来看，一个伟大企业应该具有怎样的味道？那就是企业要创造不与普世价值观相悖的价值，并用这种价值观指引我们个人的生活，塑造企业的形象，引导对社会发展和人类文明前行的正能量。

我们常讲客户是上帝，但我要说，员工也是上帝。要弯下腰来倾听员工的声音，因为推动客户成为上帝的是每位在基础岗位上的员工，没有员工，客户永远成为不了上帝。对于管理者来讲，员工就是你的上帝，只有让员工满意了，客户才可能成为上帝。

员工是上帝有几个含义：员工在带动客户成为上帝的过程中，其一言一行，哪怕只是前台的一个微笑，都可以让客户有上帝的感觉。做好一个前台要遵守一个原则，当你不认识我的时候，你会问："先生，请问你来拜访谁？"记得我在"华讯之星"表扬过一位保安。原因很简单，上次希玉久教授来我们这里讲课，省、市来了两拨人，我们的保安同志就在门口保持跨立动作长达两个小时。这很不容易，在平凡的岗位上做着不平凡事，这就是我们的员工。这便是上帝，我们就需要这样上帝般的员工。

构建企业信仰

我们要思索，是什么让人类文明一直延续到今天？人类文明到了今天，个体凭借什么才能获得满足感、自尊感与荣耀感？人类社会从诞生到现在，是什么任凭沧海桑田始终如一，为一些人所坚守？

18世纪以来，西方文明在人类社会发展中逐渐成为主流文明。这里诞生了如康德、黑格尔、尼采这样的大哲学家。反观中国，则依然停留在孔子时代。西方文明发达程度是与其哲学观密切关联的。

为什么美国和欧洲这么发达？看一个国家是否发达，就去看它的农村，看它和周边城市差异多大。在美国，在欧洲，100多年以前，农村就有麦当劳和马路，农民生活与城市生活区别不大。欧洲今天在世界上之所以有这样的局面，是因为国家间的团结。虽说欧洲自罗马帝国之后到欧盟成立前，也是一盘散沙，但因为美国文明的崛起，促使欧洲团结起来。美国更不用说，自从美利坚合众国建立后，除了南北战争，几无战乱。

看一个国家的文明，主要看三部分：一是看它如何对待儿童。震惊的是，中国有“小月月事件”，以及教师虐童事件；二是看如何对待女人；三是看怎样利用闲暇时间。同样地，如果站在一个企业角度，如何看待一个企业的文明？刚才讲东西方文明历史的比较，要说明一个什么观念呢？我们的社会很浮躁。但是欧美在反思他们的问题，比如次贷危机。

人类要反思，人类社会要按照什么样的模式去发展，以及需要什么样的文明？我想借此引出一个话题，从我们出生到现在，是什么让你觉得人生与众不同？

有人讲信念，有人讲信仰。我们人类社会有今天，西方也好，东方也罢，都是社会发展的不同模式。一个企业要想长盛不衰，就要有积极的信仰。具体而言，是对工作的信仰，是对工作管理的信仰。谈到信仰就不得不谈宗教。人类社会，流传最广的就是宗教，流传最持久的也是宗教。为什么？一般而言，宗教多是一元神信仰，基督教信耶稣，从它兴起到现在，它只有一个神就是耶稣，这是他们共同信仰的神。这个神是爱的化身，所以这个宗教一直以来，持续发展，且广为流传。像著名导演李安执导的电影《少年派的奇幻漂流》便涉及信仰的力量。在人类社会发展史上，只要是有关信仰的东西，才最为持久、最有深意，这也是宗教的普遍特征。

西方文明到今天，也遇到很多问题，跟我们中国一样，但它有一个底线来保障文明继续前行，那就是诚信。他们把它作为最基本的神圣信仰。

西方发展到今天，诞生过不少伟大的艺术家、文学家、哲学家，所以它才会形成自己独到的社会文化。其实，每个人都有机会。放眼天下，Google 才是真正的伟大企业。这个平台诞生了很多商业模式。它若能自由发力，绝不可能只是今天的规模。Apple 和 Samsung 根本不是它的对手。Google 的信仰是建立在为国家服务的基础之上，成就了它的伟大。这种伟大是建立在它对于社会的影响之上，因为它让人类社会发生了质的改变。

不管是一个国家，还是一个社会，甚至一个家庭，都得有一个观念，有一种信念，并贯穿始终。以我们华讯方舟今天的业务状态和员工的组织形态，以及中国的实际情况，甚至深圳这个城市的味道，我们华讯方舟的信仰来自哪里？我们华讯方舟要建立怎样的信仰？

我一直在思索，人类社会也好，企业也好，最终能够延续下去，并始终保持平衡，根本在于什么呢？我认为，第一，社会前进的正能量；第二，各种要素和谐发展；第三，智慧传承；第四，维持整体向前进。

最近读到一篇论文，是一个社会学家写的，他提到一个大地之母的概念。人类社会发展到今天，我们人类的共同信仰是什么呢？他说是大地之母。我们人类社会的进步，是靠一代又一代的传承，我们的智慧是靠不断的继承。如果我们华讯方舟要有一个信仰，我认为就是大地之母，就是智慧的传承。我们的智慧源于不断去挑战自己，不断传承。唯此，我们才有可能成为一个真正的伟大企业。

企业必须有哲学与文化

华讯方舟到今天已走了十个年头，抚今追昔，走到今天靠的是智慧的传承。只有智慧不断传承，才能让华讯方舟有更大的发展。而要激励我们的信仰，现阶段莫过于践行最核心的价值观，那便是担当、引领、突破。这三个词对于我们华讯方舟公司来讲，简单而易见。担当，敢于担当，就是责任，有责任而不惧怕责任，勇于担负责任，我们为国家担当，为社会担当，为人类担当，为国家，为其进步发展带来正能量的担当；引领，要继承前人的智慧，我们现在的技术来自前人的不断积累，现在的商业模式来自社会的发展，在此基础上，我们要有创新，进行不断的变革；突破，不管过去还是现在，每一年公司都有变化，每一年都有创新，我们在源源不断地突破自己，华讯方舟每个人都在不断地进步，不管多少年。这是我们在哲学层面上的最基本的价值观。

现在很多人都在不停地抱怨，有钱人有有钱人的痛苦，没钱人有没钱人的痛苦，归根结底是我们缺乏哲学引导。所以，我把华讯方舟的担当、引领、突破作为最核心的价值观，每个人真正的在心里去感悟、去领悟，最后才能真正成为企业的哲学观，我们华讯方舟才能成为真正的哲学之企。

我们的圈子绝对不是一个简简单单的生产单位，而是一个社会的要素体现。这个要素就是国际领先的科学技术，也是领跑时代的国防事业基础，更是一个集中西文明及人类社会的生产生存要素，集中西思想交汇而融合演化而来。

我们正在建设的天谷，其文化不同于欧洲文化，也不同于美国文化。第一，它融合基督教的博爱、佛教的善；第二，它符合西方文化中的雄心，又融合东方文化的智慧，这就是天谷的味道。如果有一天，我们以生产劳动为美，每个人敢于担当，突破自我，在此基础上，我们就有了华讯方舟文化，也就是打造天谷事业的文化。在这里，大家生活在一起，拥有一种良好的社会心态，每个人脸上都洋溢着自信的笑容，每个人的行为都透露着现代文明，每个人的努力都着眼于未来，每个人的一点一滴都体现了我们对社会的传承，自然而然地形成一种文化。

华讯方舟基于文化智慧传承的信仰，以担当、引领、突破为哲学价值观，最终形成我们华讯方舟的文化。当然，就目前而言，我们华讯方舟文化首先体现在工作中，体现在工作中的沟通、合作与分享。

我们强调的文化，是基于我们的信仰与哲学。华讯方舟的文化，就是要强调沟通、合作和分享，我们要善于沟通，与人合作，共同分享，并养成习惯，这和我们的哲学与信仰息息相关。如果你们信仰我们这个团队是一个智慧的群体，是一个智慧不断在传递的群体，你就要与人沟通，分担合作，擅长分享。在分工合作分享的过程中，有两点非常重要，一是尊重原创性，二是包容多样性。

我们要尊重在公司平台上个人的发明、个人的创造，尊重原创性。在尊重原创性的同时，我们必须包容多样性，因为我们是一个群体，每个人都有自己的性格，每个人都有自己的优点和缺点，每个人都有自己的想法，每个人都有自己的思考，每个人对事情都有自己的不同理解和行为。所以我们容许穿不同的衣服，容许用不同的行为表现自己，容许你有你自己的个性，但必须基于我们共同的信仰。在我们统一的规范下，你可以有自己的东西，而且自己的行为要跟我们的信仰和哲学完全相符，甚至是在信仰和哲学的基础上更加充分的发挥，就像我们用不同方式表示爱。

为什么西方人见到红灯不敢闯？为什么会有中国式的过马路呢？基于我们的文化，我们需要有华讯方舟的荣誉感，有华讯方舟的职业道德。能把它体现成工作行为，就像要养成绿灯过马路的习惯一样，基于文化的感染，形成一种向心力、号召力、凝聚力。

企业文化程序化

对公司来讲我们必须有可管控的规范和作业程序，所以我们有上班制度，有开会制度，有工作汇报制度。如果你认同这种文化，相信这种哲学，有共同的信仰，你就会对公司的管控制度和作业标准完全相信。虽然这些是规定，但是只要有这种文化，这些是完全不冲突的。可能之前我们条条框框会很少，逐步逐步，我们的条条框框会变得很多。但这些条条框框的增加，只是对文化的一种文字的表述。

我们的团体，我们的文化，会由不断的作业程序来体现。就像员工出差了，我要求问答式的报告，你跟客户谈话，客户说什么，你怎么答的，列出一二三四条。为什么？因为我们要用群体的智慧来帮你了解客户，要分析客户这是什么意思。

一直以来，我非常偏重市场，我要求我们的销售员，你跟客户说了什么话，要原封不动地带给我，这就是作业程序。因为我必须要沟通合作分享，所以必须发点东西，必须写出差报告，要出差结论，要有担当的勇气，要引领和突破自己。对公司的管理制度，要抱着文化的态度去理解。你每天做什么事情，有没有汇报，你上司知不知道。要用工程管理，工程管理的概念是什么，就是可控，能把握。为什么这样？因为我们是团队中的一分子，你做的每一个动作，内容是公开的，程序是可控的。你做的每一件事，都是代表公司在做事。你的程序是可控的，到了一个节点，就会分化成 A 跟 B，但是到了 D 这一天，你跟我说：对不起，我做不到，那公司就完了。如果你在 A 的时候有问题，公司给你钱，你在 B 的时候还有问题，那这个项目可能就止损，就像你们买股票一样，这项目就结束了；但你到 D 才跟我说对不起，结果没有了，我达不到，那对公司怎么样？这是不是违背了我们的制度，是不是跟我们担当、引领、突破的哲学观格格不入？是不是违背了我们分工合作分享的文化？

没有严谨的文化就不可能有好的结果，而严谨的文化是靠严谨的作业程序来组织的。来到我们华讯方舟的人，尊重华讯方舟文化的人，就会建设和完善我们的作业程序管理，就能自觉地把所有的智慧建设成一个群体的智慧，形成团队的智慧。

探索本质规律

一滴水怎样才能永远不干？

一滴水只有融入大海才能永远不干。你的智慧也是一样，只有融入团队，进入程序，进入沟通合作和分享，你的价值才永远存在，是不是这样？我们华讯方舟的信仰是什么？也许它是不成熟的，但是我们在思索。我们深信：有着担当、引领、突破的哲学价值观，善于沟通合作分享，尊重原创性与包容多样性文化的我们，必然知道我们所有的事务都应该纳入公平管理的模块。

只有我们进入了工作程序，有自己的行为规范，才能形成我们公司的文化。有了公司文化，我们才能深层演绎成我们的哲学。有了哲学，最终才能上升成管理的信仰。

一滴墨水掉到一杯水里是什么颜色？黑色。

一滴墨汁掉到大海里是什么颜色？没有颜色。

大海是什么颜色？蓝色。

一滴墨水掉到一杯清澈的水里面会变成黑色，一滴墨水掉到蓝色的大海里会变成蓝色，这说明了什么呢？分量不同。你们要选择什么样的人生呢？是选择有分量的人生还是选择没有分量的人生？分量又是什么呢？是你的品牌，品牌不一样，属于你的那滴墨汁的作用就完全不同。同样地，饱满的稻穗都是低着头，但是不饱满的稻穗都是昂着头，为什么？一滴墨水跟稻穗的故事就是分量和重量，综合起来只有一个要素，便是质量。大海之所以大是因为有容乃大，稻穗之所以低着头是因为谦卑自省。所有的东西，不管我们是追求重量还是追求分量，最终合起来，就是质量。

刚才我们从信仰讲到哲学、文化、作业程序，或者说从我们的作业程序，讲到文化、哲学、信仰，都旨在说明一个道理，就是建立华讯方舟所独有的，从作业程序到文化、到哲学、到信仰的标准性内涵，最主要的表现形态是后面所讲的文化“沟通合作分享”。我们要做大海，要做金黄色低着头的麦穗，只有合作起来才是最满意的。我们有了自己的信仰，有了哲学，有了文化，并且养成了我们的行为习惯。

怎么做好自己的本职工作？怎么判断你身边的营销故事？怎样做到坚定、坚持我们的信仰？我们的信仰是族群中的智慧传递，要做好族群间的传递，首先要了解万事万物的本质发展规律是怎样的，客观是如何存在的？这是形而上的问题。讲族群智慧的传递，就要看透这个社会的客观存在。举例说，黑板是由什么做成的？显然是由木头做成的。大家看到的是黑板的形状，有了这个形状所以叫黑板，是不是？这个形状是怎么来的？是做黑板的师傅画了一张图，这就是一种模型。万事万物发展的根源是一个模型。工作岗位也是这样，研发岗位、销售岗位也是一样，我们的实质是要卖东西给客户。比如说我要开个花店，那你觉得这个花店要怎样才能开好？

假设我是化妆品店的老板，身边还有个女朋友，这时，来了一位男顾客，我该怎么卖化妆品。“先生，请问你要买化妆品吗？我给你展示下我们店化妆品的效果。”我把我女朋友叫过来，指着她对顾客说道：“这是我妈，她就是用这些化妆品的。”这就是卖点，就是销售模式的设计。鲜花是一个模具，销售也是这样的，面对客户群体，要先设计一个销售通道。销售的最高价值是什么？是品牌的力量，是口碑的力量。

这个案例不一定符合我们公司的产品。只是用这个案例来解决通道问题。注意，通道问题也是一个模型问题，世间万事万物，归根结底它是有一个固定的模型的。你们坐的凳子，我们要不断地去证明，要通过一些计算。要计算这个凳子能承受多少重量，要做一个数学函数出来，这个函数证明凳子可以承受多重。很多事物都是如此，为什么有那么多伟大的数学家，伟大的物理学家，他们的工作就是在世间万事万物中把事物的本质规律总结出来，形成特定的物理模型，并在物理模型的基础上不断地演算、推进，形成了数学函数，比如说 $x+y=z$，类似这种东西。

想要成功地做成一件不容易的事情，首先要有一个模型、一个构造，然后不断地改进，最后再投入批量生产，这时还要做一个小批量的测试，还要做样品。小批量测试是不断地在修检自己，检讨自己思想的过程。

建立管控系统

要尊崇这个文化，就要用你的行为来体现这个文化，所以，作业程序和管理要规范。但是怎样集中管理？怎样把控事物的本质规律？我们应该有一个管控的系统，来保障我们的行为、我们的信仰，体现我们的价值观，反映我们的文化，最终达到我们的目标，并且保障我们所做的事情和社会发展的本质规律是相吻合的。

我们说的文化是沟通、合作和分享，这是我们文化的集中体现，但是这也说明我们做任何一件事情都要有目标，所以，我们对工作的信息要非常清楚，要完全跟随你工作的定义。

首先要有一个物理分析，在物理模型当中，进行一个数模函数的论证，要进行一个仿真实验、电脑的模拟，这一块是我们基础形态的东西。我们要做好它，首先要想好把它做成什么样子。其次，你要知道，你有哪些形式上的保障。要确定沟通这件事，从哪几个方面展现华讯方舟的什么内容是让人感兴趣的，要认真想好，想好之后，还要通过论证，这就是我们要做的。电脑模拟就是要确定我这样描述它，到底行不行，能不能说服客户，最终你开始进行实际操作。

我们经常说允许员工犯错误，为什么这样讲呢？原因非常简单，员工没有犯错误说明他没有做事。没有认真去做这个事，没有认真去分析这个事，你就很难做到成功。为什么要允许员工犯错误？员工犯错误是他自己行为和想法的一个见证。

但是怎样才能避免最大的损失呢？就是在你有了想法的情况下，一定要进行论证，论证这些想法是否真的可行，我们才能做到真正的管控。正如提交出差报告、周报表，月报表，这都是你工作的一个论证过程。其实论证的过程和我们的生活是息息相关的，在这个基础上，我们才能进行实际的证实。之后我们才能经过测试，才能进行产品的设置，再之后我们才能规划内容，对整个项目进行设置。整个系统是一个管控系统。

当然，也许有些方面的描述未必准确，但是我主要是从思想的层面表述一个伟大企业的味道。我们讲到信仰、哲学、文化，我们的作业程序，万事万物发展的本质规律，以及我们的管控程序，主要是从思想的层面和大家分享如何具有一个伟大企业的味道，达到一个周而复始的过程。比如说公司的作业管控过程，就如刚刚所讲的从 A～D 的过程，如果我始终不明白你在干什么，我最终可能直接到 D 了，可能从 A～B 的时候我们就要修正一次。我们一定要有一个论证的证明过程，我们要了解这个人员是不是符合我们的文化，是不是符合我们的共同信仰，是否满足我们的哲学观。

到下一个阶段也是这样的，只有不断地重复往返，才能建立起我们自己完整的系统，我们自己的标准程序。管控的系统，不管是公司对管理层，还是对自己，或对我们的工作行为，在这个系统中才能体现我们的沟通、合作和分享，也才证明你在做这件事情，证明你和公司的目标是完全一致的。

如何成为伟大的企业？

一是从精神层面继承人类族群的智慧文明。

Apple 是一个伟大的企业，像 iPad，它的产品改变了人类社会；福特是伟大的企业，发明了汽车，解放了人的双腿。华讯方舟也是如此。

30 年来，我们却发现之前没有很好地延续人类的智慧文明。

不论是谁统治这个社会，我们都要继承人类的文明。现在很多人说，西方文明落伍了，欧洲有欧债危机，美国有美国危机，但能到达顶峰的国家仍旧是美国。不可否认，美国今天依然在统治这个世界的秩序，站在人类文明前端和科技的前沿。

二是从业务层面建设移动宽带网络，站在人类文明前端。

我们怎么样继承人类文明的发展？有人说，为什么美国可以引领全世界，因为世界在美国手里，它通过几大中心，支持着它把握世界。第一是全世界的军事中心，二是全世界的媒体中心，三是全世界的金融中心，四是全世界的政治中心。

这四大中心，就成为美国管理世界的四大手段，因为确实它把全世界的文明整合得很好，建立西方的民主文明，建立了全世界最先进的科技文明之一，建立了全世界最先进的人类思想之一。人都追求自由之身，虽然它没有统一的宗教信仰，但它有最底层的信仰，这些构建了美国今天的强大。

我们中国现在要崛起的机会在哪里？这十年是我们的窗口期。什么叫窗口期？就是这十年把握得好，我们的窗口就打开了，我们在继承人类文明的发展史中，会有自己的一席之地，有自己的想法，自己的目标，甚至站在历史之巅。如果这个窗口期没有把握好，恰恰相反，这个窗口就会闭合。窗口期我们要做什么就是要把人类的文明成果，装到自己这里。

现在是什么时代，美国靠什么吃饭，想想美国的四大中心，那么我们华讯方舟这样的企业，在思索国家和民族的命运之中，我们能做些什么？我们能做的就是尽可能地把世界的信息送到中国这里来，我们能做的就是尽可能地把世界的科技凝聚到这里来，我们能做的就是发挥我们的影响力，用商业的手段为国家和民族做贡献，企业能做到这些。谷歌远远超过 Apple，第一点，它是统治全世界的，它有自己的优势；第二点，它是有自己的文化信仰，号称尊重客户。更重要的是，它能监视全世界，它是代表美国来监控全世界，而且我们每个人的生活跟他息息相关，所以暴露出“棱镜门”事件，暴露出美国建造了可以储存人类 500 年信息的中心。

我们想做这种事儿，希望通过借鉴这些国家使用商业的手段实现、演化、融合人类的文明。我们专业的手段则体现在我们能凝聚全球最领先的通信技术，凝聚全球的信息。这也是我们天谷的要素，也是我们华讯方舟要干的事儿，这也是我们希望成为一家伟大企业对人类社会产生的正能量。

我们希望将来能提供最先进的卫星通信技术，融合全世界的信息于中国，实现中国掌握全球的 IT，我们才能对人类的生活产生正能量，我们才能让更多的人来享受便捷的生活，去享受科技带来的乐趣。

未来，我们可以为中国的海外资产服务；未来，我们可以为中国的外交服务；未来我们可以为中国的战舰、远洋服务。这就是我们的使命，我们要建立的是能够囊括全球信息的且实实在在地给人们的生活带来好处的一套网络，我们称之为移动宽带网络。

美国有四大中心支撑着它成为美利坚合众国。我们的机会不是追赶别人，我们的机会是怎样把人类的文明转化成自己的，并且加以演绎，推动人类的发展。

我们要抛开陈规，吸纳和接收很多东西，在中国形成掌握全世界的开始。这就是我们华讯方舟最终要干的事情，我们正在一步步地努力。华讯方舟所要做到的一件事情，就是产生使中国站在全世界文明之巅的基础技术与网络。我们要做的不是追赶，而是把所用的通信秩序在全球范围内掌握信息资源，并且形成我们自己独有的竞争力。可能在未来的一段时间里，我们公司会有一系列并购，甚至跨国并购，这样的行为产生，都是为了我们的理想。伟大企业能产生对人类社会的正向影响力。

我们的梦想是最终实现地球在我们手中，我们要把世界握在我们手中，我们要有这种胸怀，能够把地球捧在手心。我们华讯方舟，要利用科技的手段，凝聚全球的信息，成为掌控世界的中心，这就是我们的业务，也是我们打造华讯方舟成为一个伟大企业的味道在业务上的体现。

三是团队管理和个人职业规划。

要想不被风吹干，不被太阳蒸发，就要做到滴水融入大海，个人融入团队。万事万物，遵循自然的秩序，才能保持战斗力，遵守秩序是个人的修养与风格。不要做团队的短板，要勇于向前做、向前看，要勇于担当，成为团队中的中坚力量。多为团队考虑，多为别人考虑。现在开始，就要开始增高。

实行什么样的管理对公司最有利，没有一个标准的答案。公司要实行集权管理，这是绝对的。在我们壮大的过程中，我想跟大家分享一下作为一个普通员工的最高境界。

作为员工最高的境界就是和老板一起干。你要当自己是老板。

第一点，不要总想着跳槽的事情，任何一个公司都有优缺点。

第二点，跟对领导很重要，对你们的领导要珍惜，愿意教你们的领导、放手让你做的领导绝对要珍惜。

第三点，公司的问题就是你脱颖而出的机会，抱怨和埋怨公司是在打自己的耳光。说你没有能力解决一件事情的时候，是在放弃这次机会。

胸怀感恩之心，感谢这个平台，感谢同事的配合，感谢自己的努力。任何岗位的员工，为公司创造利润，是自己存在的核心价值。我们不是慈善机构，我们遇到问题需要先思考。看到问题、反映问题只是初级水平，思考并解决问题才是高级水平。始终能够跟上公司的发展步伐，对公司前景看好，在公司变化探索中能找到自己的位置。为了公司新的目标，可以不断学习进取的人，抗压能力特别强的人，同心同德、同甘共苦、同舟共济、不计得失、顾全大局、德才兼备，具备这些素质的人，都是可以和公司分享成果的人。

另外，要克服我们心中的三只虎。

第一，借口太多。成功者克服万难，失败者总是被万难克服。没有目标的人生是在流浪，我们不能增加生命的长度，却能增加生命的宽度，在有限的生命里创造无限的可能，所以请抛弃借口。

第二，怀疑之心。小心怀疑，大胆求证。怀疑，所以永远想到困难。你只有抛弃怀疑，你才能看到解决问题的道路，一个智者先相信，后解决问题。有时候单纯就是智慧，简单就是效率，一个智者的人生他的思想根源是单纯的，一个效率最高的往往最简单化，你唯一要做的就是去行动。如果我们决心去做一件事情而没有立即行动是没有结果的，唯有行动才能产生结果。

第三，格局决定你的人生。一个人的心胸气度有多大，他的事业就有多大。他的圈子决定他的视野。一个人斤斤计较，人生就只有两斤。计较你的眼前，失掉的一定是你的未来。如果你始终是小我小爱，你将寸步难行；如果你是大我大爱，才能行遍天下。

心胸放大一些，境界放开一些，只有这样，人生才能与众不同；只有这样，我们才能忠诚于传递人类族群文明的信仰；才能忠诚于我们担当、引领、突破的哲学观；才能忠诚于我们沟通、合作、分享、包容多样的文化；才能愉悦地接纳我们的各项程序；才能更好地掌控事物的本质规律；才能更好地提升我们自己。

我相信我们华讯方舟抱着对社会对世界的思索，凭着我们不断规范的完善的文化体系，用自己的智慧来夯实伟大企业的基础，就一定会离伟大企业更进一步，我们身上伟大企业的味道就会更浓一些，我们的人生才会是一个真正有思想有高度有境界的人生。

第四章

仰望星空的人

CHAPTER 4

浪淘沙·在路上

冬寒雨潇潇，路影叨叨，

单衫未冷盼春早。

莫负青春还年少，追风正好。

梦想总萦绕，何时报晓？

天涯无尽领风骚。

八万里去尽攀高，旭日普照!

二〇一五年十二月八日

本章主要讲文明中的个体。

作为文明的个体，我们应该如何生活？我们活着，就个体而言，活出自己的正向；我们活着，就所处的族群而言，活出族群的延续；用个人的生命为这个族群的生命存在延续，用个性的表现为这个族群的生存方式延续，用个性的文明为这个族群的文明发展延续。

01 / 反观自我

自我

按照弗洛伊德的精神分析学说，分本我、自我与超我三个概念。

作为人格结构中最原始的部分，“本我”是人类的基本需求，包括饥、渴、性等。“超我”则是人格结构中最高的部分，包括社会道德规范、个体良心、自我理想等。

一个人刚生下来是只有“本我”而没有“自我”的。“自我”指的是“自己”这个意识的觉醒，是人类特有的自我探寻的开始，但是当他开始探寻“我是谁”这个概念的时候，他开始真正成为一个“人”。在这个过程中，始终贯穿的便是周围环境在大脑中的不断映象，所以“自我”可以被称为在现实环境约束下的“自我”。例如，婴儿饿的时候会哭泣，要求吃奶，这是“本我”；当我们饿了的时候就要去花钱买东西而不是碰到可以吃的东西拿来就吃，这就是“自我”。因为自我意识具有“避险性”，我们意识到如果只吃东西不给钱会被揍，为了避免这个结果，“自我意识”要求我们给钱。

1970年，美国图兰大学的心理学家戈登·盖洛普（Gordon G. Gallup, Jr.）发明了非常简单的镜子实验（Mirror Test）来度量自我意识。实验的逻辑很简单。我们都有经验，不管我们穿得多新潮、发型多古怪，站在镜子面前时，我们都能立刻明白镜子里的那个人是“自己”。

镜子实验第一次把对自我意识的研究从玄乎的哲学和心理学思考推广到了实验科学，从万物之灵的人类推广到了动物界。全世界的科学家们开始乐此不疲地让不同的动物照镜子，看看谁能认出镜子里的自己，谁只会傻乎乎地对着镜子打闹或者好奇。现在我们知道能够通过镜子实验的考验、成功认出“自己”来的动物，一共也只有十种，包括人们通常认为“聪明”的动物：大猩猩、倭黑猩猩、海豚、大象和让人大跌眼镜的喜鹊，等等。

尽管没有特别严格的科学证据，但是我们不妨大胆猜测，自我意识是人类许多复杂情绪和思考能力的基础。许多简单的情绪，例如恐惧、愤怒、快乐，在很多相当低等的动物中都已经出现了，这些情绪能够帮助动物躲避危险、延续生命、繁衍后代。但是更复杂的一些情绪，例如成就感，例如好奇心，例如责任感，如果没有自我意识是很难想象的。而这些复杂的情感，很大程度上就是智慧生命发展壮大，走出家园探索宇宙的动力。

人的一生都是在不断地建立自我管理体系和在自我管理体系的指导下度过的，如何建立和完善自我管理体系是必须要面对的一个问题，解决了这个认识问题，才能有效地完成我们的人生目标。历史上的伟人，比如拿破仑、达芬奇、莫扎特，都很善于自我管理。这在很大程度上也是他们成为伟人的原因。而我们当中的大多数人，甚至包括那些还算有点天赋的人，都不得不通过学习来掌握自我管理的技巧。我们必须学会自我发展，必须知道把自己放在什么样的位置上，才能做出最大的贡献，而且还必须在长达 50 年的职业生涯中保持着高度的警觉和投入。也就是说，我们得知道自己应该何时换工作，以及该怎么换。

彼得·德鲁克非常提倡自我管理的哲学，他认为，每一个人都应当从以下 6 点去认识自我，管理自我：

1. 我的长处是什么？多数人都以为他们知道自己擅长什么。其实不然，更多的情况是，人们只知道自己不擅长什么。即便在这一点上，人们也往往认识不清。然而，一个人要有所作为，只能靠发挥自己的长处，而如果从事自己不太擅长的工作是无法取得成就的，更不用说那些自己根本干不了的事情了。

2. 我的工作方式是怎样的？令人惊讶的是，很少有人知道自己平时是怎样把事情给做成的。实际上，我们当中的大多数人甚至不知道不同人有着不同的工作方式和表现。许多人不是以他们习惯的方式工作，这当然就容易造成无所作为。对于知识工作者来说，“我的工作方式是怎样的？”可能比“我的长处是什么？”这个问题更加重要。

3. 我如何学习？除了需要了解个人的工作方式外，我们还需要了解如何学习。许多一流的笔杆子都不是好学生，温斯顿·丘吉尔就是一例。在他们的记忆中，上学往往是十足的折磨。然而，他们的同学有这种记忆的却很少。他们可能在学校里得不到什么乐趣，对他们来说上学的最大痛苦是无聊。有关这个问题的解释是，笔头好的人一般不靠听和读来学习，而靠写来学习，这已成了一种规律。学校不让他们以这种方式学习，所以他们的成绩总是很糟糕。

4．我的价值观是什么？要能够自我管理，你不得不问的问题是：我的价值观是什么？这不是一个有关伦理道德的问题。我想说明的是如果一个组织的价值体系不为自己所接受或者与自己的价值观不相容，人们就会备感沮丧，工作效力低下。组织和人一样，也有价值观。为了在组织中取得成效，个人的价值观必须与这个组织的价值观相容。两者的价值观不一定要相同，但是必须相近到足以共存。不然，这个人在组织中不仅会感到沮丧，而且做不出成绩。

5．我的贡献是什么？对于知识工作者来说，他们还不得不提出一个以前从来没有提出过的问题：我的贡献应该是什么？要回答这个问题，他们必须考虑三个不同的因素：当前形势的要求是什么?鉴于我的长处、我的工作方式以及我的价值观，我怎样才能对需要完成的任务做出最大贡献？最后，必须取得什么结果才能产生重要影响？

人格

人格完善就是指一个人不断认识自我、提升自我、完善实现的结果。在心理学上，人格泛指一个人独特的、相对稳定的行为模式。英国著名心理学家艾森克指出："人格乃是决定个人适应环境的个人性格、气质、能力和生理特征。"

西方心理学界认为：人格发展是连续化、统合化、个别化的成长历程，在成长发展历程中，最重要的是将两极相对的内在动力逐渐趋于调和，并偏向较成熟的一方。潜意识成分渐减，意识的成分渐增，压抑的情形渐减，升华的情形渐增，非理性的成分渐减，理性的成分渐增……

个体发展由两极相对达到两极融和的地步，即表示其人格发展已臻于成熟。

一个人必须了解人性的优点和弱点，凭正确的信仰和公平的价值观才能有自知之明，才能合情合理地看待别人和社会。无论学问和地位有多大差别，只要能做到这点就算有了成熟的人格。

培养了成熟的人格还不等于真正的独立人格就自然具备了，因为独立人格强调独立思考能力和坚持真理和正义的勇气。这需要远大理想，更需要坚守信仰，并且能主动领导带动他人，为他人做好表率。这种情怀是生活中的一种特殊的上天恩典，也是一点一滴从信仰中培养起来的生活毅力和品格。

独立人格在社会学中被认为是现代民主政治的思想基础，也是普世价值观的标准和基石。独立人格不等于样样与他人对抗，也非标新立异自我抬高，而是真诚地反映自己的认识和观点进行选择或选举，不被金钱或他人或组织的压力所动。

蔡元培先生在《中国人的修养》一书中说道：决定孩子一生的不是学习成绩，而是健全的人格修养！

孩子从小的教育影响着以后的发展道路，孩子的教育又要身系父母。作为现代父母，您知道现代孩子该怎样去教育吗？很多父母认为，家庭教育就是开发孩子的智力，也就是让孩子从两三岁开始背唐诗，四五岁学英语，上学后要请家教、上辅导班，成绩一定要名列前茅，将来一定要上名牌大学。似乎只有这样，父母的教育才算成功，孩子才算成才。实践证明，这是对家庭教育的极大的误解，是升学教育在家庭教育中产生的不良后果。家庭教育最重要的任务应该是建筑孩子的人格长城。

试想，如果一个孩子缺少对生命的认知，一遇到挫折就产生轻生的念头，没有梦想的能力，自己将来想做什么都不知道，不懂得保护自己，做了博士生依然被农民拐卖，无法与别人共享，腰缠万贯却不快乐，那么，即使这个孩子门门功课考第一，又能怎么样？

当今最该改变的是父母，是父母的教育观念。那么，正确的家庭教育应该是什么？是父母应该帮助孩子建造一个良好的人生平台，让孩子有很好的人格修养，懂得做人，懂得成功的真正含义。

只有父母的教育观念发生了转变，我们的孩子才能接受良好的家庭教育，才能终生受益。

不过，心理学家荣格认为，人格发展臻于成熟的年龄不是儿童期或青年期，而是在 30 岁以后的成年期。人成年之后要工作，而工作最重要的目的在于通过工作来磨炼自己的心志、提升自己的人格。就是说，全身心投入当前自己该做的事情中去，聚精会神，精益求精。这样做就是在耕耘自己的心田，可以造就自己深沉厚重的人格。

“工作造就人格”，就是要通过每一天认真踏实的工作，逐步铸成自己独立的、优秀的人格。这样的事例，从古至今，从东方到西方，不胜枚举。只要翻开伟人们的传记，随处可见。

凡是功成名遂的人毫无例外的，都是不懈努力，历尽艰辛，埋头于自己的事业，才取得了巨大成功。通过艰苦卓绝的努力，在成就伟大功绩的同时，他们也造就了自己完美的人格。

有这样一则小故事值得玩味：

在南太平洋新不列颠岛上，有一个未开化部落的村庄，那里的人们都认同“劳动是美德”这一观点。在他们的生活中渗透着一种纯朴的劳动观：“认真劳动能塑造美丽心灵，美好的工作产生于美好的心灵。”

曾国藩，中国近代第一完人，在中国历史上能够实现儒家“修身、齐家、治国、平天下”以及“立言、立功、立德”不朽事业者寥若星辰，曾国藩即是其中之一。曾国藩一生的功成名就与他的人格基础密切相关。毛泽东高度评价过曾国藩的人格。毛泽东青年时期，潜心研究曾氏文集，得出了“愚于近人，独服曾文正”的结论。比如，曾国藩当时就用写日记来监督自己，他的最高标准就是“慎独”。“慎独”就是在没有任何约束也没有第二双眼睛看着你的时候，你要真心实意地以自己的心来监督自己，按照这两个字来做。有一次曾国藩在梦中梦到朋友发了一笔财，他心里很是羡慕，第二天醒来，他觉得自己贪婪，于是在日记中用“下流”一词形容自己的这种梦境。

正是通过类似的人格修炼，使得曾国藩在日后的危难时有较好的心理承受能力和定力，在千百万银子从自己手头过的时候，他能保持一文不取的廉洁自律的操守，在位高权重时不头脑发热，不利令智昏，他的综合素质变成他的人格魅力。靠着这种魅力，他团结成百上千的优秀人才，共襄大业。

信仰

央视主持人白岩松在被问及“信仰”问题时表示：“有信仰的人不一定都幸福，但是没有信仰一定不幸福。”

在谈到人为什么要寻找信仰，白岩松引用了杨肃明老先生曾经说过的一句话："人这一辈子要解决三个顺序，这三个顺序不能错的。先要解决人和物之间的关系，解决人和人之间的关系，最后一定要解决人和内心之间的关系"。

这是很有道理的，三十而立，要解决人和物之间的关系，人和工作，等等。接下来要解决人和人之间的关系，你可能为人父、为人子、为人上级、为人下级、为人对手，等等。当人到 40 岁以后你可能会面临很大的挑战。人生是一条单行线，终点是不可逆转的，你已经隐约地看到终点会出现一些问题，这个时候你思考人生究竟是怎么回事，我究竟做的是不是有意义。财富积累得太多，如果无从消化的话，我积累的意义又在哪里。出现的困惑太多，人必须要解决自己与内心之间的挑战。

从人类有历史以来，最大的问题不是人没有鞋子穿，不是人没有饭吃，不是人不能伤害别人，而是人类不能解决罪恶的问题，不能解决死亡的问题。白岩松也承认："人为什么要有信仰，因为对死亡恐惧，再往后就不那么简单了。你要信一些事情，我觉得才会慢慢平静，才会靠近幸福，不信的话挺可怕的。"

信仰问题不属科学，亦不属宗教，尽管科学与宗教都离不开信仰。信仰之产生，源自人类思维能力的有限。而且要看到，人的思维毕竟有差异，在甲看来属于科学的东西，在乙看来会觉得不可思议。如狭义相对论中的"尺缩钟慢"效应，即使学过大学物理的，很多人也并没有完全理解，迫于无奈的情况下，也只能采取宁可信其有，不可信其无的态度。这些都注定了信仰的无处不在。所以，一个人，一个社会要尊重信仰的多元性。

既然信仰的多元化不可避免，那么不同的信仰之间应该是什么关系呢？它们之间应该互补而不是互悖。多元信仰只要相互之间并不矛盾、冲突，即可相安无事，甚至产生互补效应。比如说，国家利益、集体利益与个人利益之间，就不是完全矛盾冲突的。如果没有个人利益，也就没有集体利益和国家利益；反之也是如此，当人们为国家利益、集体利益而奋斗时，其实也暗含了个人利益的诉求。尤其要看到，人都是物质存在、生命存在和精神存在的综合体，因而从物质、生命和精神层面都会有所追求。不同层面的追求，就会有不同的信仰，这些信仰之间相互支撑，共同构成为人生追求，它们是人的全面发展的必备条件和前提。

在一个缺乏信仰的国度，随着现代社会生活节奏的加快，社会心态往往容易呈现一定的扭曲。在墨西哥有这样一个故事：一群人一起赶路，突然有一个墨西哥人停了下来，旁边人问他为什么停下来，他说，我走得太快了，把灵魂扔在后面了，所以要等一等……我想，这个故事中的一群人就是我们，现在很多人的身体在这个快节奏的社会中穿梭，但他的灵魂是否也被扔在后面了呢？

02 / 经风历雨

阅读体验

小学，走几里山路去读书，初中，要从山村到镇里读书，也就开始了住校。那时候我既在学校住宿，也在学校对面的一间房住宿，这间房是父亲当时参与项目所在工厂提供的。我经常来往两者之间，进行走读。我觉得走读这个词很好，边走，边读，边思索，这对一个人的成长还是有一定的帮助的。

那时候老师安排我坐在最后一排，我也喜欢坐在最后一排。这样我就把课本立起展开，装作一副认真上课的样子。实际上，我的眼睛盯着的是课外书。坐在最后，让我自己有了独立的空间，既可能广泛地跟大家联系在一起，又可以读很多课外书。

我读书的历史分几个阶段，第一个阶段，我在初中和高中时代读了大量的小说类的书籍，不是一般多，应该是很多很多。在初中，我把能看到的名著都读了一遍。第二个阶段，我在大学读了大量的哲学、杂文、散文集。第三个阶段，在工作以后，我读了大量的论文，包括技术类文章、物理类文章、化学类文章、电子类文章，等等。在此基础上，我总结出自我学习的三种路径：一是掩卷沉思，二是鸿儒交谈，三是换位思考。这三种路径让我受益匪浅。

四大名著中我最喜欢《三国演义》。书中的人物，我比较欣赏赵子龙。赵子龙身长八尺，姿颜雄伟。赵云离开公孙瓒七年左右的时间，在邺城与刘备相见，从此追随刘备。赵云跟随刘备将近 30 年，先后参加过博望坡之战、长坂坡之战、江南平定战，独自指挥过入川之战、汉水之战、箕谷之战，都取得了非常好的战果。除了四处征战，赵云还先后以偏将军任桂阳太守，以留营司马留守公安，以翊军将军督江州。除此，赵云于平定益州时引霍去病的故事劝谏刘备将田宅归还百姓，又于关羽、张飞被害之后劝谏刘备不要伐吴，被后世赞为有大臣局量的儒将。

但从管理的角度来讲，我比较欣赏刘备。我觉得他性格坚韧，50 多岁才开始介入时局，是真正起于草根的创业者。从刘关张桃园三结义开始，三顾茅庐请孔明，三气周瑜获荆州，凤雏相助拿西川，终成一方诸侯，带甲百万，称王称帝。刘备的成长轨迹和很多当下的中小企业的境遇相似：东汉末年群雄纷起，十八路诸侯觊觎天下，人才匮乏的刘备实力弱小，人才大多奔袁绍曹操、孙权而去。那么如何在乱世的激烈竞争中立足并夺得天下，刘备的成长轨迹给了我们很多启示。

刘备首先想到的就是解决紧缺人才的问题。在乱世之中，最紧缺最重要的人才当属武将了，刘备深谙此道。因此在出道之初，就和天下猛将关羽、张飞桃园结义，笼络了二位豪杰的心，并立誓不能同生但求同死，因此两位天下数一数二的武将为他肝脑涂地。事实证明正是关羽、张飞的努力，让刘备在乱世中虽颠沛流离却不致覆亡。

在新野时徐庶一语道醒梦中人，刘备武强文弱，文武如鸟之双翼，只有双翼起飞才能鹏程万里。于是乎刘备赶忙拜徐庶为军师，徐庶一到岗，形势立马不一样，徐庶马上就帮助刘备击败了来犯的曹军。可惜好景不长，徐庶被曹操用计骗到许昌，刘备于是按徐庶的建议三顾茅庐请出了有卧龙之誉的诸葛亮。诸葛亮一出如拨云见日，刘备迎来了成长的春天，从此事业一帆风顺，业绩节节攀升。此后更是在诸葛亮的帮助下虏获了凤雏庞统的心，从此天下数一数二的谋士尽归刘备帐下。加上刘备拥有的天下数一数二的猛将关羽、张飞、赵云等，从此刘备集团展翅高飞，鹏程万里，实力大增，一度在三国之中处于优势。事实证明在任何组织中，只有各类人才汇聚，共同努力才能推动组织目标实现。

刘备深刻洞悉了职业经理的心理需求，他知道自己势力弱小，无高官厚禄许之，只能靠对职业经理的尊重来换取他们的肝胆相照，肝脑涂地。因此刘备才会三顾茅庐，请得诸葛亮出山，换取的是诸葛亮鞠躬尽瘁、死而后已；即使像刘璋别驾张松之流，刘备也能亲自迎出三百里，换得的是张松献出西川详图，而得此图就得到了半个西川。执手相看泪眼，反映了刘备尊重职业经理的真诚；甩掉孺子阿斗，反映了刘备尊重职业经理的无以复加的诚心；而与之相对应的是袁绍因为小儿得病，性情大乱，当许攸献计时，斥责并杖责许攸。如此袁绍安能不败，刘备安能不胜。笼络人才也许尊重就够了，但人尽其才靠的是放权和信任。刘备三顾茅庐请得诸葛亮出山后，就授以军政大权，在火烧新野时，关羽、张飞不但不看好这位架子极大的文弱书生，并且心怀不满问出了“我们都出去打仗厮杀了，军师你干些什么”这样极端不满极端蔑视诸葛亮的问题。但是刘备明白信任和放权的重要性，因此当诸葛亮分派他任务时，刘备毕恭毕敬接受分派，并且率先执行垂范，让关羽、张飞等人无话可说。这正应了管理学中最重要的一点：信任比不信任的成本要低，放权比不放权的成本要低。诸葛亮没有辜负刘备的信任，即使在新野小城也创造了以少胜多的神话；诸葛亮也没有辜负刘备的放权，充分的放权保证了执行到位，保证了战役的胜利。正是刘备解决了团队管理中最紧要的三个问题：紧缺人才的问题、人才结构的问题、如何笼络人才和如何人尽其才的问题，才让刘董事长在三国激烈的竞争之中终成鼎之一足。以史为鉴，可以明得失，刘备的团队管理经验值得借鉴。

从对历史的贡献来讲，应该还是曹操。曹操是中国历史上著名的军事家、政治家、思想家和文学家，是一个对中国历史有重大贡献的人物。

东汉末年动荡的社会环境造就了曹操，为曹操和一大批人提供了发挥才干的机会。他是汉末军阀混战的参与者，但形成这种局面的原因不在他，而在于社会制度本身，在于外戚与宦官斗争的结果和董卓专权。因此，与其说他是军阀混战的参与者，毋宁说他是试图结束军阀混战的有功人。他不辞鞍马，驰骋疆场，摧灭群雄，统一了北方，使北方社会获得了几十年的相对安定，人民得以安居，经济得到一定恢复，民族关系也有了很大缓和。

曹操是一个世所公认的军事家。他自幼“博览群书，特好兵法”；他鞍马劳顿，倥偬一生，御军三十余年。诸家兵法理论帮助他认识战争规律，得知了战略战术之要，从而游刃于战乱之机；战争的实践，加深了他对历代兵家，特别是对《孙子兵法》的理解，从而发展了兵法理论。

曹操以“治定礼为首，拨乱刑为先”作为治理社会的根本指导思想。这是一种霸道与王道杂陈的思想。曹操的诸多言论和行动，都受儒家的思想影响，根基属于儒家思想范畴，崇尚仁义礼让，主张以先王之道办教育，并以儒家的学说勾画自己的理想蓝图。他不拘一格的用人思想包含将德才兼备的“贤人君子”作为人才的最高标准的意愿。另一方面，他又表现出重法尚法的一面。他是一个矛盾统一体。

古人的管理思想，给我日后的经营以不少启发。

大学生涯

1997 年，我考入武汉大学，开始了我在珞珈山畔四年的学习生活。1998 年的北京之行，应该是我人生的一个转折点。此前我立志从政，后来改为经商。

大一结束那年的暑假，我没有回家。想在武汉找份家教工作，这样既可以打发假期，又能够赚一点点生活费。但遗憾的是，在武昌的民主路，我精心制作的家教牌子摆出来还不到十分钟，就让城管收走了。那时真的很气恼，细细想来难道大学生就真的只能做家教吗？做家教对自己来说究竟有多大价值？

一气之下的我回到学校收拾行李，揣着省吃俭用节约下来的 300 元钱就上了北京。在北师大的校园里晃荡了几天之后，身上的银子所剩无几。此时，正好赶上北京某公司受民政部的委托，在全国范围内做《关于发行福利彩票的市场调研》，需要招聘一批调研人员，他们要求参与者必须具备研究生学历，我没有，但我还是去报了名。没想到一考居然就让我给考上了，而且还做了调研小组的队长，于是，我带着几个研究生就奔赴了河南。

因为我们都打着民政部的牌子，工作证上却写着公司的牌子，那一次深刻体会到了迎来送往的文化。那是我人生第一次喝白酒喝最多的时期，当然也醉了很多次。

我当时选了郑州（省会城市）、濮阳（全国卫生城市）、清丰县（全国最贫困的县），这三个地方都去了。不论在富裕的地方和贫瘠的地方，我对官员的作风都深入地了解了一番。那次活动也创造了很多第一，第一次去卡拉 OK，第一次跟女孩子跳舞，第一次喝得烂醉如泥，没有经验，不懂得控制。

这段短暂的经历让我第一次见识了外面的世界，也让我的价值观出现了真正的分水岭，立志从政转向实业报国。有了这个好的开始，我后来的路就越走越顺，我的角色似乎也已不再只是一个学生了。

在北京做市场调研的时候，我认识了一家网站的老总，他们网站有一种消费卡，急需开拓市场。我结合他所了解的武汉市场状况，觉得有很大的商机。我充分发挥自己是学生的优势和经济实力的不足，最终只支付了很少的一点保证金就谈妥了这个项目。

接下来就开始在学校招兵买马。这个项目做得最热闹的时候，我的团队有 70 多个人，市场开拓手段更是层出不穷，当时签约的最小消费场所已经做到了街边的零售小店。他们超额地完成了任务，理所当然地，我也挣到了对学生来说相当可观的第一笔财富。

不久，我在报上看到一则消息，大意是说“下个世纪传媒将成为一个产业”，我灵光一闪，觉得这一行当确实可以有所作为。于是，马上成立了武汉大学“大学生拓新社”，并出版了一份叫作《大学生导报》的报纸。这种报纸有点类似于现在的 DM 直投杂志。

这份报纸确实挣钱了。在大学三年级以前，我就赚到了第一桶金。

通过消费卡和《大学生导报》的成功商业运作，我意识到：大学阶段并不仅仅是学习知识，更重要的是要让知识变成技能，让思想成型，才是关键。

我是多个学校组织（包括学生会）的主要负责人。在武汉大学，在学生会之外我成立了一个大学生自律委员会。我们武大是很开放的，武大一般来说女生可以去男生宿舍，男生不能去女生宿舍。我成立自律委员会，晚上 11 点、12 点就派人在宿舍门口盯着，保障不让半夜回宿舍的人打扰别人。你在外面要怎么弄，怎么谈恋爱我们都不干涉。我只有一个标准，遵从大多数人的学习和生活规律。如果你凌晨两点钟之后回来，就要门口登记，不想登记，你可以出去开房、看电影，那是你的自由。在大多人自习的时候你不能吵闹，所以我有时候巡检，有点像治安警察。我管得也不宽，就管两件事：晚 8 点到 10 点要保持安静，然后晚 12 点之后要熄灯。

我做的这件事情，在武汉大学开了先河。这个组织在我的下任以及下下任都在运行。

美国炸驻南大使馆的游行我是第一个组织的，而且组织得非常有秩序，要求大四的学生带头，只要是闹事的，毕业证一概不发。大四的学生在前面带头，大一的学生殿后，大二、大三的学生全部在中间。

我在大学期间的成长非常快，也是和勤奋有关系吧。我在大学里，是属于那种勤于思、敏于行的人。我在大学里骑破过六辆自行车，从来没有谈过恋爱。那个时候我们班同学，现在一聚会就说，从来不知道我什么时候起床和什么时候回到宿舍。

我有孤僻的一面。武汉那么大，我有时候会盲目地坐一辆公交车，到了一个地方之后，开始徒步。我走路比较快，而且专门往小巷子里走，去体验人生百态，再找一辆公交车慢慢坐回来。

每次回家，为了节约钱，我都乘坐最慢的绿皮车，但是我特别享受那个状态。那时候坐绿皮车的人很少。我在车上可以躺着，可以想很多问题。饿的时候，就吃一碗三块五加一块五的牛肉面，分量非常大，牛肉也很多，简直觉得人生享受到极致。有次出差，碰到一家牛肉面馆，当时行李箱都快散架了，我要了一碗，花了一百多元。回想过往，超有感触。

除了在火车上思考很多问题外，我还有很多周记、日记现在都保存着。就学生时代而言，我真的感谢我的大学。我觉得人的视野很重要，如果不上大学，我今天还停留在农村。

立志实业

暑期实践回来之后，我觉得当官不是我的理想，便立志开始做实业。我在大四的时候就参与过别人的公司，也是做信息类的，跟卫星相关。那时候寻呼机刚刚起步，那个公司就收购了一个寻呼台。我们发的寻呼信息就不是寻呼信息了，是把股票的信息转到一个寻呼台上，然后 24 小时可以看。那时候我们叫股票台，就是说炒股也可以拿这个东西来 24 小时地滚动看。当时有个股东很不诚实，被我发现了，我这个人比较正直，就跟另外一个股东直接讲了，导致他俩打起官司了。

这给了我一个不好的印象，觉得民企不可靠。毕业之后，我有很多选择，最后选择了一家国企军工单位。既靠近体制，但又不是官僚体制，这便是中船重工第七研究院。

中船重工主要核心是做军工的，在那里就接触到了卫星。那时候主要解决潜艇和地面的通信问题，跟我们大致做的工作都有关联，都是做信息传播的。在做地面通信时，跟着某知名院士学习了很多东西，从而建立了无线网络世界的基本观点，工作中确实也读了很多技术类的书籍。

对技术类的书籍，我不是在看一个孤立的技术，而是把技术怎么样系统化，并把它运用好。在这之后，我就出来创办了一个企业。还很短暂地帮助中国地质大学的一位教授做了个企业。这个教授对我有一定的影响，他是搞社会科学的，但是在 45 岁之后开始搞自然科学，还有发明专利。他的发明专利还是用来改变农作物的，并做出了产品，而且卖得还不错，我觉得意义很重大。当时编了很多顺口溜，"实际实验是法宝，直接推销是关键"、"现场演示必须有"，等等。

当时我亲自去云南帮他做过市场，我把云南农校、昆明农校的学生，整校整校的招兵买马，买了大量的摩托车、自行车，亲自下田间地头跟农民喷药，帮他们喷洒，然后竖个牌子，做个区分，叫农民来对比。对比完之后，安排这些人在田间地头摆个摊直接卖。

这段经历对我有几个启发，第一我觉得很有革命主义情怀，我管理他们，每天出发的时候大家唱歌，回来的时候大家也唱歌，我们有摩托车队、自行车队，还有三轮车队，租住在一栋楼里。第二直接跟老百姓接触，直接到田间地头干农活，感触也颇多。

帮教授做了一年后，我身体有些变化。那一年，过得很意气风发，但是当一个人从突然的意气风发，降到了谷底，就会产生很多极端的反差，在这种反差中，让我思索了很多。

之后，在北京创办华讯方舟前身。2007 年，公司搬到深圳。之前，我也一直聚焦在通信领域。我通过不断出国拓展外贸业务，感受东西方文明的碰撞。

从事卫星通信的公司最大的特征是，行业性质决定企业国际化，所以导致我们一直在走国际化的道路。在国际化的道路中，根据自己的阅历、经历，可能在不断地思考，最后在追寻我们人类怎么样活得更好。根据我们国内现在这个现状，还有国际的现状，还有两个文明的冲突和一些实事，就在思索，我们人类到今天确实要追寻一个新的发展模式。

人体认识

我的工作行程安排得非常紧，一般日程表以 15 分钟为单位，每天晚上只有三四个小时的睡眠。我比较注重健康，也比较热爱运动，但我最大的苦恼就是没有太多时间去运动，我就发明了很多适合自己的运动方式。

比如有一个非常简单的动作，就是我经过很多次摸索出来的，一个很静的动作，可以锻炼你的全身，反正心要平静。有点像拉筋的原理，笔直站立、全身展开，你的意识和身体都最大化地拉到最极限的地方，然后头带动身体往下压，整个动作过程都要绷紧，缓缓往最下走，腿也保持最直，这样全身都有感觉。这样尽最大可能地将头带到最低，再反复，尽最大可能地伸到最高，做一圈其实很累。

我现在整个生活方式和工作方式，都是做减法。我接触的人物越来越少，我做的事越来越聚焦，越来越集中。但是做减法是有前提的，是我已经掌握了海量的信息之后，开始做减法。

宇宙是由波组成的，它反应在人体上，人自身也是一个可以完整的平衡工作形态。人体就是一个小宇宙，你的脑也好，脚也好，手也好，它都跟神经相连。再其次，很多东西只要内部处理恰当，都是可以自我平衡的。

我身上可能很多器官单独看都有点小问题，但是综合看，我是很健康的。人的气场与地域也确实有关，我在北京，我这鼻子基本上受不了，但我到深圳就好了。从全宇宙组成的平衡体，到人体自身组织的平衡体，都是相互的波在起作用。

所以，我困了，我就绝对不会忍受，我不会对抗机体组织。不是说困了还得熬夜干活，并不是这样的。如果觉得困了，就会休息，我现在在车上也可以很好地睡觉，随便躺在这儿也可以很好地睡觉，飞机上更不用讲了。能到这种状态：前一分钟跟人说话，后一分钟就进入休眠模式了。这也是表达了把人的机能的平衡体挖掘到一定程度了。

如果孤立地从医学角度看，每件事情都是大事情，但是我觉得放到我身上是个平衡体，而且我有预感，自己是一个比较长寿的人。

我身体最大的一次问题，是在创业初期。那时候我的身体出了一点状况，我就想办法治疗，治疗过程，就是心静。我曾经买过一个睡袋，在森林里面睡了将近半年的时间，一个人，完全是和自然对话。一方面治疗自己，另一方面确实想了很多。当时我背着睡袋，在云、贵、川的大山中行走，过着一种流浪的生活，晚上睡觉，去找一个有森林的地方。在那里吸收的空气最好，对身体也最好。吸天地之精华。这半年对我比较有影响，半年之后我开始出来做事，出来创业。

我现在调节身体的手段就是中西方结合，用西方的方式进行体检，用中方的方式调理身体。

本命自画

“爆竹声中一岁除”，羊年与我 36 岁不期而遇。这是我的本命年，又逢 36 岁，在中国人的传统里，除了红内裤、红腰带，似乎还有更神乎的一些东西。仔细想来，也许更是寄托了对生命一个阶段的思索……

我也懵懂不解，我忽然间就到今天了？一直以为，青春的号角才刚刚吹响……

36 了，我还是那个在车站看到小伙子横七竖八没有坐相就要呵斥制止的人，纵然朋友无数次劝说莫管闲事勿为瓦碎……

36 了，我还是那个在街头看到城管粗暴拉扯收缴小摊时就绝对出口出手帮助小贩的人，纵然朋友无数次提醒莫惹火上身需明哲保身……

36 了，公司前台文员在羽毛球场被人撞坏眼镜我差点亲自和人打架；开车看见一刚进城青年拖着行李在雨中行走，连续两次调头找到他，把他送到目的地……

36 了，还是那种二愣子货，任何时候对任何人事都抱着尊敬与信仰的态度，朋友借 100 自己只有 100 也绝不只给 99；还是那种侠客梦，渴望一顶斗笠一袭披风一骑红尘剑指天涯，江湖任驰骋孤寂自逍遥；也许无法改变世界和历史，但绝对搞好自己的平台圈子，坚信实业报国是未来改变我们脚下这片土地最关键最重要的力量。

36 了，还是那疯狂劲，手机长时没响怀疑手机坏了，周末休憩时会发呆，完全无法习惯无所事事的任何状态。还在大年初一按计划拜访海外客户，出门时妈妈心疼问春节也不休息？爸爸轻轻地嘱咐肠胃不好注意饮食，那一瞬间差点泪沾衣裳。知道这辈子愧对父母未能尽孝，愧对家人未能尽责，但无愧于伙伴无愧于同事无愧于公司。纵然有一天会跌倒却无怨无悔，这颗始终为了理想与信念而竭尽全力拼搏的心。

36 岁的本命年，我的本命是什么？懵懵懂懂中也许明白：纵世事繁扰，社情万变，然始守内心这份纯真这份执着，为此颠沛流离、东奔西跑、歉于爱人、忠于事业、苦中作乐永无止境的命，原来就是我本来的命……

36 岁的本命年，我的本命是什么？迷迷茫茫中越发坚定：36 岁之后越显成熟的青春号角越发嘹亮地吹响，来不及蹉跎岁月，来不及整理行囊，莫忘初心方得始终，从此打开更有力的希望的翅膀，飞向我的本命……

03 / 生活感悟

幸福

当被问“你幸福吗”这个问题时，很多人都有一瞬间的恍惚，到底什么才算幸福，是有万贯家当、高级住宅？还是子孙满堂、共享天伦？又或者仅仅丰衣足食，不愁温饱就算得上幸福？每个人对幸福的定义各不相同。

柏拉图曾经用一种独特的方法计算出，王者的生活比独裁者的生活幸福 729 倍。独裁者已经拥有一切的权力和财富，但他仍然还不是最幸福的人。因为真正的幸福，包含着很多金钱和权力所买不到的东西。

他认为，幸福除了身体上的满足以外，必须包括积极性、责任感、成就感以及爱。这些东西也许在某种程度上带来了心灵的满足，但是往往会造成身体上的痛苦。为了达到满足，人们有时不惜追逐痛苦，在痛苦和折磨中感受到高尚的幸福。

商业时代里的颠覆很有力量，在颠覆的时代里谈幸福是一种回归。企业家办企业，获得财富、社会地位都是手段，回到人的原点，会问：做这一切幸福吗？如果没有感到幸福，你所做的一切价值不大。因为，幸福最重要。

到底什么是幸福？怎么样才能得到幸福？智慧很重要。作为一个企业家，懂得如何把自己的智慧转换成促进企业成长的“生产力”，能够在提高素质的同时，将“管理”转化为“成果”。这是一个企业家的使命，也是企业家的幸福。

归根结底，每个人对幸福的感觉不一样。到底幸福不幸福，怎么样看待幸福，从大的方面来说人生中到底什么东西是宝贵的、是重要的，就把宝贵的东西保护好。幸福真的本身就是一种感觉。在我看来，生命和灵魂都在好的状态就是幸福，什么样的状态是好状态？生命应该是单纯的。精神应该是充实丰富的。

从生命角度单纯来说，我们要珍惜平凡的幸福。要区分生命本身的需要和欲望，生命本身所需有限，自然欲望能满足，但是一旦欲望超过自然需求就会痛苦，那是无止境的。哲学家罗素认为：“狂热和爱好，在许多情况下，也许是绝大多数的情况下，都不是根本的幸福之源，而只是对现实的逃避，只是对某些极端痛苦的、难以面对的时刻的忘却。”许多人认为金钱、权力、地位能带来幸福，沉溺于某种事物能带来幸福，其实这些都只是暂时的。人最根本的需要是要有好的自然环境，与自然和谐的关系。如果说人类为了发展经济，破坏自然环境，那就是对价值观最大的颠覆。

那么，对幸福最好的东西是什么？是生命的单纯和精神的优秀。一件事情你做不做，怎么做，不要看社会上流行怎么做，你要问问自己的灵魂，做了这件事情能不能让它们处在好的状态，是破坏了生命让它变复杂了，还是破坏了灵魂让它变平庸了。

一位著名的心理学家曾提出如下达到幸福的步骤：

1．享受瞬间

要生活在这样一种状态下：把微笑当作珠宝，在帮助中得到满意感，与好书里的人物共欢乐。

2．控制你的时间

幸福的人设置大的目标，然后落实在每天的行动中。一天写 300 页书是一件艰难的事，然而每天撰写两页则非常容易办到。这样坚持 150 天，你就可以写成一本书，这个原则可适用于任何工作。

3．增强积极情绪

越来越多的证据显示：消极的情绪使人沮丧，而积极的情绪催人奋进。幸福的人常做的一件事就是消除消极情绪。

4．优待亲近的人

人们要学会很好地对待亲近的人、配偶、合伙人的不幸，比如丧亲之痛、失业、疾病甚至被强奸。美国民意调查中心的抽样调查显示：能一下数出 5 个亲密的人有 60%的人比不能数出的人更感到幸福。

5．面带幸福感

实验表明真正面带幸福感的人，他们更感到幸福。研究表明，经常欢笑更能在大脑中引起幸福的感受。

6. 告别枯燥的生活

不要沉溺在无所事事中，不要把自己限制在电视机前，要沉浸于能用你的技能的事情中。

7. 多活动

室外的锻炼是对付焦虑的良药。调查表明：那些经常在室外锻炼的学生情况要明显好于不锻炼者。

8. 好好休息

幸福的人精力充沛，但他们仍然需要留出一定的时间睡觉和享受孤独。

9. 关照心灵

对信仰和幸福的关系的研究表明，有信仰的人比没有信仰的人更有幸福感。

当然信仰不可能让我们免除所有悲哀，它不可能囊括一切，但是信仰常常提醒你沿着幸福之路前进。

情感沟通

当今社会，经济崛起，科技发展，人们疲于奔波在各种类型的聚会、应酬之中，醉心于网络世界，埋首于手机电脑。霓灯闪烁掩盖了如豆的烛光，网络迅速取代了书信的墨香，现代科技与传统文化急速碰撞下，人与人之间的沟通容易了，可人与人之间的情感交流反倒少了。

经济发展过于迅速，社会意识转型的加速，会让人们在精神层面跟不上社会发展的速度，从而产生无所适从的感觉。人们为了生活，不得不早出晚归，忙忙碌碌，疲于奔命，很少顾及自己和别人的情感需求。人与人之间的交往也往往只为利而来，为利而去，很少坐在一起谈心聊天，沟通思想。久而久之，家人、亲友、同事之间的感情越来越淡漠，隔阂、鸿沟越来越深，关系越来越疏远，甚至为一些鸡毛蒜皮的小事大动肝火，互相伤害。

一个人生活在世上，除了衣食住行等必不可少的物质需求，还有更为重要的情感需求。这种情感需求只有在人与人之间的相互交往、沟通中才能得以满足。人生离不开情感，情感又离不开沟通。情感交流需要有爱心和耐心，互相尊重、信任和理解，真心诚意地尊重、信任他人，关爱、帮助他人。只有这样，人与人之间才能真正达到心灵的沟通，互相满足情感的需求，生活才会幸福，人生才有意义。只有物质生活和情感生活都丰富多彩的人生，才是真切的、有意义的、有价值的人生。

对于一个企业来说，内部的情感沟通更重要，所有的企业管理问题归结到最后都是沟通问题。企业实现高效率和充满生机活力，赖于下情能为上知，上意能迅速准确下达，部门之间互通信息、互知甘苦。同时，打破等级制度，充分强调家庭般的和谐和温暖。这就需要沟通，需要高速、有效的沟通。良好的沟通让员工感受到企业对自己的尊重和信任，因而产生极大的责任感、认同感和归属感，促使员工以强烈的事业心报效企业。此外，沟通还能化解矛盾、澄清疑虑、消除误会。企业要想赢得顾客，在市场竞争中立于不败之地，就要想方设法调动企业内职工的积极性、主动性、创造性，就必须注重企业内部的情感沟通。

情感沟通并不是多么困难的事情，只要用心，就能从寻常小事中做好情感沟通，让自己的家庭关系、朋友关系、同事关系更加和谐，让自己的生活更加幸福。

生活中，我们要学着抬起头，放下手机，忘记朋友圈，忘记微博，专心地陪家人吃顿饭，听爱人说说话，和朋友聊聊天；要学着离开网络，跟朋友一起去晒晒太阳，看看风景，说说生活；工作中，我们要学着彼此尊重、将心比心，想别人所想，对社会对他人多一份信任，也不辜负他人对我们的那一份信任。我们可以在求索之中慢一点，再慢一点，等我们的灵魂渐渐追上我们前行的脚步，等到那血肉的空壳渐渐被灵魂注满，等到那模糊的面庞变得渐渐清晰明朗，等到我们的精神渐渐跟上我们社会的发展。

在科技飞速发展的当下，不要一味地沉溺于繁华的浮世，让信息变成增加情感交流的工具，而不是减少沟通的元凶，让工作成为热爱生活的一个理由，而不仅仅是赚钱为生的钱途。注意生活和工作中的情感沟通，时刻充实我们的精神，活成不为物质所扰、不被精神所困的充实模样。

交友识人

我绝对有一帮真正的朋友，譬如，一旦我有资金需求，哪怕他们身上只有 1000 元，也不会给我 999 元。当然，我对朋友更是如此。

我还是很幸运的，这些朋友就是日久见人心，路遥知马力。他根本不会问，你这个钱要去做什么，要怎么做，能不能还给我，但是既然开了这个口，他们就为我着想。这些朋友应该是从大学到现在一直交往下来的。

在政商上面，我的交友也是有界限的。人要懂得在进和退之间，伸和屈之间把握分寸。像我们这样的公司，我们追求的是人性的最大公约数。

我经常说一句话，社会这么浮躁，我们先把自己的圈子建设好，前提就是你能净化自己的圈子，对你自己的圈子能主导，能把握，有想法。回到初中那个时候，那是懵懂的阶段，应该对我的人生有启发。

深圳是一个比较容易抱团的地方，比如潮汕帮。一般类似的这种商会活动，我都拒绝。我觉得，专注于这件事情未必能做好；另外一个方面，我还在起步阶段，也没时间做类似的事。

什么是朋友?“朋”是两个“贝”，两贝一样大，是平等的。事实上，可以交朋友的，其身份地位都大致相等，至少也都得是一个“圈子”里的人。

每个人在结交朋友时，总是会有意无意地选择那些和自己在各方面都比较相同，至少在某一方面比较相同的人，或者气质、秉赋、个性、志趣、爱好相同，或者世界观、人生观、价值观相同，或者个人道德修养、知识修养、审美修养的档次、层次、境界相同。一旦发现共同点，便很容易成为朋友。如果相异，就没有共同语言，甚至“话不投机半句多”，就不会有友谊可言。这一点，比平等还重要。

有合作关系的人、单位或集团叫“友”，如“友军”“友邦”“外国友人”等。在原来非友谊的合作关系中，如果合作得好，人们也容易成为朋友。事实上很多人的友谊，正是在长期的合作关系中建立的。同事、同行、战友、伙伴有时即等于朋友，道理也正在这里。

朋友不像兄弟，是天意安排。朋友就像情人，都是自找的，最有“自主权”，也最能激起每个人发自内心的热情。同则交，不合则散，既可相知于患难，又可相忘于江湖，比其他的人际关系宽松得多。

朋友有两种，一种是有益的，另一种则是有害的。孔子曾经提出过“益友”的三个条件：首先是正直，要能够看到别人的缺点、错误就说出来；其次是谅，朋友犯了错误，自己能够“谅解”，或做了对不起自己的事，自己能够“原谅”；最后是“多闻”，博学多闻的人，当然也是“益友”。

中国人的友谊的又一个特点，是任何人的结交，都有一定的“圈子”。物以类聚，人以群分，不同的人形成不同的圈子，原本是十分自然的事。如果我们要了解一个人，认识一个人，只要看看他生活在哪一个圈子里，和什么人来往，跟谁交朋友，也就能猜个八九不离十，这就叫“不知其人而视其友”。

不过，圈子并不一定等于友谊。形成圈子的因素和条件很多，比如“行会”“同乡”“同学”“同事”等。所谓圈子，在一定意义上，也就是“资源共享”的意思。比如同乡，就是共同耕种一块土地，共饮一江一河一井之水者；同学，是共享“知识资源”；同事，是共享“行业资源”。依照中国文化的“人情原则”，先前既然共享了资源，则现在有了新的资源，也同样必须拿出来共享。

交朋友，要讲“交情”。交情有深有浅。交情深的是“深交”，交情浅的叫“一面之交”。中国人的交情，一般是与交往时间的长短成正比的。因为“路遥知马力，日久见人心”，而交情一如美酒，越陈越醇。没有经过时间考验的交情，总让人觉得不那么“靠得住”。交情虽然以“老”的好，但“故旧”并不一定就是“深交”。真正的“深交”，是“知交”，即“知心之交”。

就大多数人而言，都是有意识有目的地去寻找和结交朋友，像中国人常说的“在家靠父母，出门靠朋友”，多个朋友多条路，本身有一定的功利性在里面。普通人交朋友，既然以需要为目的，当需要发生变化时，朋友关系也会发生变化，或加深，或疏远，或转移。所以人的朋友关系，往往会不断地重新组合，老朋友渐次疏远，新朋友纷至沓来。

好朋友是可遇而不可求的，在交朋友的过程中我们要顺其自然，祛除功利心，相信朋友，在对自己宽容的同时能够对朋友宽容，以及在遇见问题的时候能够“肝胆相照”，这才是“益友”、真正的朋友。

同学、同事是我们人生路上的同行者，人生路上能够找到默契的同行者并肩前行，会让人生顺利很多。同学往往是因为志趣相投而携手共济、快意人生，走过人生最意气风发的时光；同事往往是因为志同道合而同甘共苦、共赴前程，成就人生最辉煌灿烂的光阴。

一朝是同学，永远都是同学。同一个学校、同一个班级的标签不管岁月如何变迁都不会改变。在学校时，大家一起在学校里做过各种年少疯狂的事情，读书学习，成长恋爱，经历青葱岁月里最纯真的时光，以至于当我们离开学校，同学、校友的力量依然强大。北大毕业后卖猪肉的陆步轩，曾经引起媒体广泛关注，被推到了舆论的风口浪尖。后应自己同校师兄陈生邀请，二人共同开办了壹号土猪“屠夫学校”，之后办猪场、出书，曾经的同学、校友成了同事、战友，他们把卖猪肉变成了了不起的事业。

同事更像古代的侠士情谊，大家一起同甘共苦，创业打拼，加班熬夜，为了共同的目标全力以赴。不管日常如何，但在职场上，同事无论是从责任道义还是自我需要，都必须要同心，才能共创伟业。

但是当今社会人与人之间的利益关系愈加复杂，同学、同事之间也会存在各种各样的问题。大学里出现的黄洋中毒身亡、马加爵杀舍友等报道频频发生，人们也会在网上询问是否可以将同学变成同事，谨慎职场朋友反目的种种文章分享，似乎职场就不应该拥有真挚的友谊，不该拥有年轻时真实的模样。

从学校走入社会，身份和角色定位发生转变，确实会存在越来越多的利益联系，存在更多竞争。如果是合作部门，若能心无间隙，彼此熟悉，工作配合会更顺畅。如果同事之间性格不合，那工作很难配合好。此外，工作中的竞争有可能对人与人之间的感情产生“挑战”。

很多人说同事就是工作关系，同学朋友才是生活中的关系，似乎就这样将自己身边的人分类区别。其实我们应该区别的是不同身份，而不应该以心中角色身份将人定了级别，这要求我们要分清工作与生活的界限。在工作时间作为同事，不要过多地把感情因素与工作混淆，在工作中要从专业、公平的态度出发。要保持一个较好的心态，那就是保证良性竞争，分享工作心得，这样双方将共同进步。在业余时间作为朋友，应该真诚对待，彼此尊重，注重交流，自觉为朋友的隐私保密，将心比心，急人之急，做生活中值得依靠的朋友。

即使出现既是朋友又做同事的情况，也不一定就是坏事；相反因为若是朋友，彼此了解，更具有默契，只要很好地处理好工作状态和生活状态的关系，朋友之间的合作一定比不熟悉的人更加默契顺利。就像武侠小说中的江湖侠士，彼此之间可以有过命的信任和托付，有这样的友情，实在是人生大幸。

同学、同事、朋友，说到底都是人与人之间的关系。人与人之间的沟通联系和情感的维系是一种艺术，不能一味地要求别人如何，更多的时候需要学会如何修炼自己，学会倾听，学会尊重，学会经营自己的生活。当我们成为更让人喜欢的自己时，我们自然会拥有更好的同学情、同事情，拥有值得交心一生的朋友。

家庭生活

在我看来，家庭是社会组织最稳健的形式。我有“六个一”的目标：“一副好身体，一份好事业，一本好书，一所好学校，一群好朋友，一个好家庭。”家庭在我心中分量极大。这些年，我东跑西颠，一心为理想奔波，要深深感激我的家庭。

我们中国还是个发展中的国家，没有达到欧洲国家的富裕程度，在那里，人们有闲暇的时间旅游度假。我们中国则不能，我们还有太多的事情要做，要奋起直追。这是历史给我们这代人的机遇，同时让我们这代人为此付出巨大的牺牲。作为创业者，我们没有太多时间关照家庭，照顾父母子女，每当想起，甚是愧疚。

但即便如此，我也会尽最大可能营建我们的生活港湾，让它成为我们的避风港，让我们在一起享受爱情与亲情。

异性相吸，尤其是在懵懂时期，情不自禁地相互吸引，往往让人刻骨铭心，甚至会改变人的一生。记得在高中时，有一次我要参加全校演讲比赛，坐在我前排的女生转过身，红着脸急促地对我说：“吴光胜，祝你演讲成功，我们都觉得你很棒。加油!”这句青春期的话语从此奠定了我一生的情感。后来，我们走到了一起。这些年，她默默地支持我，我很是感激。

我虽然比较忙，但是在做一个好丈夫、好父亲方面，我是有信心的。我经常跟我身边的人讲，一个好的企业文化也必然有一个好的家庭，没有好的家庭，也很难有好的企业。在我看来，夫妻双方只要包容、宽容、理解、体谅、信任和换位思考，就能经营好温馨之家。

比如说对孩子，我是非常鼓励跟孩子沟通的。我再忙，忙到实在晚上没时间了，我会早上起来跟他沟通 10 分钟。我自己提前上班，他跟我一同坐车，先把他送到学校，在路上我们聊一聊，然后我再去上班。另外每个周末，我都希望抽时间跟孩子一起运动，一起做做相关的事情。另外，我也不鼓励孩子上各种学习班，在我看来，这有悖孩子的身心发展，有违教育理念。

我深受东方文明的影响，有大家庭情结，我的父母一直和我们住在一起，全家其乐融融。父母给了我们生命，教会我们做人，我们也自然要孝敬父母。我曾写过一首关于母亲的诗《敬献母亲》：

这一天

也许刻意安排在周末

也许刻意让游子停下驿动的心

像儿时一样依偎在母亲的身旁

也许读过了世事风云变幻

此刻

恬谧而祥和

时光停留静读母亲

年轮

转动了几十个春秋

那如玉纯洁的美貌
已让时光悄悄夺走
那耕犁拓荒的力量
亦让岁月慢慢削弱
流年
给母亲留下了花白的头发
那永远温暖有力而又柔和的双手
如今已粗糙如麻
那上山下乡南北串连的历史沧桑
已刻为皱纹满布
今晨
细雨滋润着大地
母亲一如既往地早起忙里忙外
一如儿时母亲永远忙碌的身影
这就是您
您的今天您的一切您的一生
都无私地献给了儿女
悄无声息如此寂静默默守候
年复一年日复一日
不刻意不要求地耕耘与陪伴
等待着胚芽成树开花结果

您的爱

如同光和水如同洁净的空气

流淌我的生命滋养我的灵魂

让我成为世界上

最快乐最有力量的人

而苦难一生永远藏在自己心间

纵然

万水千山走遍

也永远走不出您的胸怀

纵然

飞得再高再远

也永远飞不出您的视线

干渴时

您永远是润泽我心灵的清泉

迷茫时

您永远是照亮我方向的明灯

痛苦时

您永远是抚慰我灵魂的港湾

啊，母亲

唯有您完美无暇融化冰川盎然绿地

您的爱是唯一没被名利污染的净土

您的爱是一条长长的路

是我飘泊天涯千丝万缕的牵念

是我永远也读不完学不尽的一本书

啊，母亲

您就是我生命的菩萨

用您的痛苦引领我来到人间

用您的历练指导我迈向前方

用您的满茧呵护我持续生长

保护我照顾我爱着我

这一天

让我再像儿时一样依偎在母亲身旁

也许母亲根本无意孩儿心情正流淌

一如母亲永远只知付出的深远绵长

而今静读母亲

也许长大却明确愧疚的我

泪眼

融入母爱缠绵

诗人和哲学家

海德格尔说："诗最先使栖居成为栖居。诗是那种真正使我们栖居的东西。”诗是一种特殊的量度，它能够将哲学的神秘之境开辟于大地之上。

而在柏拉图的《理想国》中，诗人的地位却是低下的，甚至要被逐出城邦，原因是诗人爱写些出格的诗，会扰乱城邦的建设。

自柏拉图以来，在西方哲学史上关于诗与哲学之争的讨论就一直持续不断，许多哲学家都和诗发生关系，诗人与哲学家的探讨也就成了二者相应命题上无法回避的问题。

其实诗歌与哲学的关系，并不是一开始就这么紧张，甚至一度还很亲密，特别是在人类文明的早期。最初的希腊思想家的著作，几乎都是用诗体写成的。只是到了哲学的羽翼开始丰满的时候，哲学家对诗人的批评变得严厉了。柏拉图本人的态度就有矛盾之处，一方面他如此衷情于诗歌，因为他本人就是一个诗人，一个真正意义上的诗人；另一方面他体会到大多数人都沉湎于诗歌的表象，从而煽动起难以驾驭的情感，实际上就会导向理性原则挑战。诗歌本身的要求则使诗人们为取得某种效果而操纵语言，为了达到感人的效果，而非追求思想的精确。

近代以来，诗歌与系统思想之间的冲突淡化了，哲学家开始以哲学的态度来对待诗歌，总想把它纳入某一高类型的思想中去。黑格尔便是最为典型的例子。黑格尔把包括诗歌在内的艺术看作哲学的萌芽形态。中国当代著名作家周国平则说：“哲学的魅力在于它所寻求的人生智慧的魅力，在于寻求者的个性的魅力。”这一点无疑是与诗歌相一致的，因为诗人也是在不断地思考中寻求个性的魅力，充分利用语言告诉我们什么是真正的智慧。事实上，古今中外的诗人哲学家不胜枚举，比如说柏拉图、老子、庄子、屈原、但丁、莎士比亚、尼采、克尔凯郭尔等，在他们的著作中那些永不消失的诗性，将会持续荡漾在哲学的世界中。

不过，诗人和哲学家毕竟还是有些不同的。诗人大多时候是想将自己内心对事物情感的感受展现表述出来，无论是美是丑，诗人描述的是内心，展示的对象是世人。哲学家则截然不同，哲学家追求的是自我对生命本质探究的问题。对于真正的哲学家来说，他们的哲学思考只在于自己对世界的理解，他们的这种理解只对自己负责，他们不求世人理解他们的观点，他们只求自己能领悟对生命本质的思考。诗人的诗是向外的，哲学家的思想是向内的。

遗憾的是，现代文明正日益毁灭着人类精神之梦，将人类精神中那仅存的一丝崇高和一隅柔梦也冲刷得近乎荡然无存。在这世俗化的时代，我们缺少诗性洋溢的哲人，也缺少哲思丰沛的诗人。

所谓的哲人蜷缩在象牙塔中，偶尔走出来，便像庸医一样开一长串“处世良方”和“生存智慧”；而所谓的诗人流浪在精神的滩头，偶尔吼几声，却引不起大众的情感共鸣。

04 / 仰望星空

理想主义

哲学天然地和理想有关。对人生和世界的追问总是显得那么不切实际，以至于大家总是遗忘了哲学家在设计和塑造这个世界的过程中所发挥的关键作用。

天才作家王尔德曾经说过：“每个人生下来都是王，而大多数人却在放逐中死去。”在一个充满诱惑和机遇的时代，坚持理想似乎尤为困难，太多机会主义的陷阱环伺以待。身处充满变数的市场环境中，其实很多卓越的企业家也是在企业实践中不断矫正目标一路走来的。他们往往走上一个台阶后才去想更为广阔的未来，创业之初普遍没有想象到自己可以走那么远，做这么大，承担如此重的责任。

理想主义者是这样的一小撮不安定分子：他们爱他们的理想，愿意为理想去死。正是价值观才让人的生命成为可能，理想的价值比生命更值得捍卫。爱就是愿为所爱去死，而爱是一个人赋予事物最高价值的终极表达方式。他们不会因自己的追求和伟大而道歉，更不会在之前的过程中道歉，因为他们清楚他们没有错，他们因活在理想的追求中而青春永驻，他们就是骇人听闻的自我主义者。

成也好，败也罢，理想主义者的存在就是一种美丽。他们的胜利是一种奇迹，绝地逢生，滴水石穿，代表着人类心灵中最高尚和最智慧的部分的胜利，闪烁不尽的精神力量的光芒；理想主义者的失败也是一道闪电，至少划破了妥协与无趣的社会大幕的灰暗，尽管无可挽留地走向熄灭，却有激励后人撕裂黑暗的可能。他们以失败或死亡将自己融入精神之流，垫在正义或真理的路上。对他们来说，表面的成败得失根本就不是标准，重要的是精神、是态度。这些狂热和顽固的人并不受人欢迎，然而人们却总在语言和文字上对其大加追捧，也许这就是理想主义者的原罪和宿命：在现实中百受非难，而在与现实世界隔开一定距离的另一个世界似乎备受拥戴。对于他们个体本身而言，人生并非充满乐趣，他们的一个附带意义在于启发人们思考他们的存在，从而反省人们自己的生活信念和实践活动。

当下中国，中国的理想主义者，特别需要孔夫子的知其不可为而为之的精神，这其实也是鲁迅的反抗绝望的精神。

同时，我们要自救、互助，好人要联合起来。好人联合起来是什么意思呢？好人联合起来做力所能及的一些事情。我最喜欢用的词就是相濡以沫，越是艰难时刻越需要相濡以沫。我相信历史是合力的作用，大家不要只看着自己，我们这个小圈子在努力，其实中国很多人都在努力，只不过我们彼此不知道罢了。你要相信，默默地和你一起做的有很多人，而且各人用各人不同的方式。

其实，理想主义不是一个适合经常拿出来说的话题。有生命力的理想主义不是一个很高调的让我们去张扬的东西，理想主义是内含在我们的行动、交往中的。就是说我们做什么、倡导什么、反对什么、困惑什么、欣赏什么，背后是有理想主义的这种人生价值和社会追求在主导的。

真正有内涵、有力量且带有生命温度的理想主义，一定是在行动中不断地去验证，不断地去碰撞，不断地去突破，以至于逐渐地内化。

侠义精神

若抛开普世价值不讲，中国本身也有一些独特的价值让我觉得在今天还非常有意义，比如侠义精神。侠义精神的传统内涵，是见义勇为，除暴安良；侠义精神的最高境界，是为国为民。它凝聚着人民的愿望，闪耀着理想的光辉。它具有悠久的历史传统，在当今中国，尤富有积极的现实意义。

“侠义”二字，应该分成“侠”和“义”两个部分。侠文化是中国文化中最独特的一部分，也是较能体现中国文化本质的一部分。中国古代对于“侠”的理解可谓大相径庭，韩非子认为“儒以文乱法，侠以武犯禁”；而司马迁则不以为然，他说“救人于厄，振人不赡，仁者有乎”，并做《游侠列传》为侠客高唱赞歌。《游侠列传》的价值，不只是记述了朱家、剧孟、郭解等侠客的事迹，连同《魏公子列传》中的侯嬴、朱亥也成为后世侠客的典范。

20世纪50年代开始，金庸小说风行神州大地，更延伸到了东南亚一带，甚至可以毫不夸张地说，有华人的地方就有金庸小说。以金庸小说改编而成的电影、电视剧也成为一代又一代人脑海中的经典。金庸小说可以说很成功、很精彩地继承和发展了《史记》、《水浒传》所歌颂的侠义精神。金庸的侠义精神既张扬了侠士的自由个性，又不完全受那种“忠君报国”、“除暴安良”之类框框的限制，塑造出了一系列救民于水火的侠义英雄形象，始终贯彻着“为国为民，侠之大者”的宗旨，从而把这种传统的民族精神提升到了新的高度。

像我这个年龄的人，大多看过金庸的武侠剧，并且相信很多男人在还是男孩的时候都痴迷过金庸的，只是随着年龄增长、阅历增加、世事变迁、激情减退，人生变得多了些厚度，少了些温度。我们身处一个消费的时代，浮躁的时代，甚至阴暗的时代。虽然弱肉强食是一个亘古不变的定律，但是总有一些人的内心发生了异变，为了追逐利益最大化，不折手段，人与人之间只剩下利益与金钱，曾经的道与义似乎荡然无存。时代在呼唤侠义精神的回归，人民在盼望胡斐、郭靖、萧峰式的大侠重出江湖。特别是金庸先生所倡导的不分职业、不论身份、人人都应当挺身而出、维护社会正义的侠义精神，更是今日中国的迫切需要。

我本身就有侠义精神，总想执剑走天涯，路见不平，拔刀相助。我前面说过，我在天津火车站，小伙子横七竖八没有坐相，我就去呵斥制止；见到城管暴力执法，我就出来阻止；公司前台文员在羽毛球场被人撞坏眼镜，我差点亲自和人家打架。

如果把侠义精神用到现在做企业中，便是公司上下要能同甘共苦，踏踏实实做好产品，不搞恶性竞争；从用户角度出发，不赚昧良心的钱；取得的利益要乐意和员工分享；企业做强做大之后不忘回报社会，比如通过慈善基金途径让这个社会变得更好。这也是践行了狭义精神“为国为民”的最高旨意。

爱国情怀

我们公司从成立到现在，一直都有党组织。我有个基本想法，不论是一个党员，还是普通人，都想获得幸福。幸福可能就是一栋房子、一辆车，即便欧美的小康社会也不过如此。可真想过上幸福生活的人，首先是有想法的人、有信仰的人。我们知道，能够贯穿人类社会始终的是宗教，宗教于个人而言，是一种幸福，信仰是幸福的核心要素。

持续的信仰，依赖于对宗教的信仰。正如我们所知道的，作为世界第一大宗教的基督教，宣扬人类的平等、博爱，而要做到这些，日常生活中，一个人必须要讲诚信，诚信是建立良性社会的道德基石。我们也知道，近两三百年以来，西方出现了诸多哲学大家，如康德、黑格尔、海德格尔、尼采等，而我们的哲学却停留在孔子时代。哲学的发展与科学的发展存在共生现象，科学的发展促进哲学的发展，进而推动社会文明的进步，并形成基于秩序的文明制度。

中国人出去旅游，会得到外国人的热烈欢迎，但外国人在欢迎我们的钱，欢迎我们来购物，心底也许并不欢迎我们。他们看不惯某些中国人在公共场所大声喧哗。

从葡萄牙、西班牙、荷兰、英国，到现在的美国，每个大国的崛起，就是时代文明的标杆，它所产生的人类文明和生活方式最大化地适应全人类族群的生存。应该说，新经济天下不是我们的目的，新文明天下才是我们的目的。我们需要中国梦。如果有一天我们东方文明，特别是中国文明成为普世的价值观，那么中国一定是世界上的大国。

这当然不是凭空想象。因为中国文化具有强大的包容性，儒、释、道相互包容，而不是排斥。在中国的历史上也从未发生过宗教战争。相对于西方宗教的一元性与排他性，中国的宽容文化更适合人类文明的发展。我们坚信，只要我们的制度能与现代的普世价值合拍，基于中国的自身文化，必然会形成中国的天下文明主义，而它则更适合人类文明的未来发展。到了那时，我们才能自信地说，中国真正强大了，中华民族真正自傲于世界民族之林。

从一个人说到一个企业，从一个企业说到一个国家，从一个国家说到一个民族，从一个民族说到文明。总之，没有人的存在，世界将毫无意义，但是有了人，该做什么样的人才是我们应该深思的问题。

我认为，做一个有信仰的人是首要的。

我唯一参加的社会职务就是履职深圳市人大代表。作为人大代表，我还是有些收获的，我觉得党内民主的机会，除了把教育和医疗作为死守的底线之外，让法治独立之外，还能真正实现最大利益均衡化的，就是可以考虑在人大范围之内适当地放开代表的作用。

如果我将来不做企业了，我可以在这种平台上推进此事。我们公司未来也会实现职业经理人制，即使有一天公司不需要我了，我就好好发挥社会作用。

仰望星空

在历史的星辰中，总有那样几个人或一类人，不断地仰望着星空……

抱歉，我无意把自己描述成或归为这类人，也无意把自己搞得像哲学家一样追问着人类永远无法回答的问题……

只是随着年龄的增长，阅历的增加，再加上地球的信息化，即使是碎片式的，确实思考也越来越多，体会也越来越深……

岁月的成长有时候让自己觉得越来越迷茫，在不断的成与败之间，得与失之间，起与伏之间，坚守与放弃之间，家庭与事业之间，健康与工作之间，个人爱好与社会活动之间，淡泊名利与积极影响之间……虽努力追寻与遵从内心的呼唤，但依然不断地在不断的迷茫中挣扎，在不断的挣扎中前行……

而在这种前行的迷茫中，也常常觉得自己越来越感性，一如今晚在航班上为电影屏幕中的，但日常更为生活中的一些镜头而感动，时而默默泪流：一次成功的救援，一次悲哀的离别，一次突袭的灾难，一次赛事的胜利，当然也包括一次幸福的邂逅，一次真情的聚会，一次新生命的降临……甚或一次某些细微动作的回忆……就这样经常性地被某些瞬间所感动，所俘获，所沉浸，甚至不能自拨……

在这样不断的迷茫与感性之间，在始终思索与奋然前行之间，逐渐为内心里的这种感动，也或对内心深处的各种迷茫而不断清晰：人，像动物一样来到这个世界，具备了智慧的灵长类，赤条条来，最终也赤条条去。天上的星星几十亿年了，我们最终只是一粒尘埃。而在这“不带走天边的一丝云彩”的人生中，我们的过程就是活着。我们活着，就个体而言，活出自己的正向：无论健康与否，美丑也罢，追求和体现上进，至少不为家庭、群体和社会添乱。我们活着，就所处组织而言，活出组织细胞的价值：为组织对社会的价值奉献自己的精彩，努力地为承载我们每个个体所在的“船”不被损坏、继续航行贡献力量。我们活着，就所处的族群而言，活出族群的延续：用个性的生命为这个族群生命存在延续，用个性的表现为这个族群生存方式延续，用个性的文明为这个族群文明发展延续。然而，“穷则独善其身，达则兼济天下”，个人的个体，个体所在的组织，个性的表现若能在生命期间为这个族群生存与文明的方式活出一种更适合更先进的方式，那就是这个时代引领这个族群继续活着的航标。而这，也正是生命在仰望星空中即使是一粒尘埃所在所求的最大意义……

生命早晚要死去，为什么还要活着？甜甜圈吃几口就没了，为什么还要吃？我们不会因为甜甜圈会被吃完而不吃，而是更应珍惜和品尝这美味。吃饭是为了活着，而活着不是为了吃饭。人生如斯，虽早晚要死去，却更加追求活着的意义。早晚要死去，没有理由不去努力发出自己的一分光，哪怕是照亮自己脚下的一片土，即使在星辰大海中是这么的微不足道。无论哪种活法，相夫教子也行，退隐山林也罢，还是叱咤江湖也好，说好每一句话，做好每一件事，融合好每一个群，设计出一个群体好的体制，同样都有意义。还是执着的许三多那句话：我爹告诉我，人活着就得好好活，好好活就是有意义地活。

所以我们活着，生命永远在仰望星空中追寻更好的生存与延续的方式……

仰望星空、脚踏实地是人追求的理想境界，我们在仰望星空下跋涉，披荆斩棘。

语　录

QUOTATIONS

1．谁的文明最好，谁就能引领人类生存和发展，谁也就理所当然地成为这个地球的领导者。

2．一个以权力和金钱为尊严的社会，人不可能有平等的尊严，也违背了尊重生命这一基本的人性。

3．让活着成为一个最不耗时、最简单的事。

4．有开放的精神，有足够的信息，这是美国之所以强大的重要原因，也印证了个人成长之路。

5．中国的文明传承要突破，道理很简单，要开放，要有获取全球信息的能力。

6．我们现在只是一个“暴发户”，只有钱而没有自由精神。

7.我们不该回避普世价值,而是要大谈东西普世价值的融合问题。

8．政治是人类最大的秩序与公益，是张扬人性好的一面，遏制人性坏的一面。

9．从历史上看，我们中国每一次文明的传承，都是以生产关系的大倒退和生产力的大破坏的改朝换代为代价的。

10.无论那个族群的文明发展,必须把开放与包容作为发展的基石。

11．在21世纪的信息时代，剥夺人们平等获取信息的权利，是与现代文明背道而驰的。

12.卫星宽带信息化是促进教育资源均衡化和教育手段个性化的天然手段。

13. 一个国家，一个民族，在不同的时代总有也总得有胸怀天下、敢于担当的人。

14. 伟大企业的核心就是在人类的生存和发展中留下印记，改变人类的生活方式，促进人类文明的进步。

15. 工作就是“天天干我想干的事”。

16. 一个聪明的人和一个有智慧的人，一定要会在针尖上跳舞。

17. 全球化跟英文没有任何关系，跟地域也没有任何关系，全球化是说你对人的尊重是一样的。

18. 一个社会要有企业家，就必须有适合企业家生存的环境，我觉得首先要有自由，自由就是安全感，而这需要完善的法治社会来支撑。

19.我总结出自我学习的三种路径：一是掩卷沉思，二是鸿儒交谈，三是换位思考。

20. 家庭是最稳健的社会组织形式之一。

图书在版编目（CIP）数据

观念的价值：寻求最大公约数／吴光胜著．—北京：电子工业出版社，2017.2
ISBN 978-7-121-30717-1

Ⅰ．①观…　Ⅱ．①吴…　Ⅲ．①企业家—生平事迹—中国—现代
Ⅳ．①K825.38

中国版本图书馆 CIP 数据核字（2016）第 316403 号

策划编辑：刘声峰
责任编辑：刘声峰　　文字编辑：白俊红　彭扶摇
印　　刷：三河市双峰印刷装订有限公司
装　　订：三河市双峰印刷装订有限公司
出版发行：电子工业出版社
　　　　　北京市海淀区万寿路 173 信箱　邮编 100036
开　　本：720×1 000　1/16　印张：15　字数：202 千字
版　　次：2017 年 2 月第 1 版
印　　次：2017 年 2 月第 2 次印刷
定　　价：88.00 元

凡所购买电子工业出版社图书有缺损问题，请向购买书店调换。若书店售缺，请与本社发行部联系，联系及邮购电话：（010）88254888，88258888。

质量投诉请发邮件至 zlts@phei.com.cn，盗版侵权举报请发邮件至 dbqq@phei.com.cn。

本书咨询联系方式：39852583（QQ）。